JN411652

알고 있나요.
내 목소리

알고 있나요.
내 목소리

초판 1쇄 인쇄 | 2007년 8 월 25 일
초판 1쇄 발행 | 2007년 8 월 30 일

지은이 김미숙
발행인 김진수
편 집 박진희
발행처 한국문화사
등록 1991년 11월 9일 제 2-1276호
주소 서울특별시 성동구 성수1가2동 656-1683번지 두앤캔B/D 502호
전화 02-464-7708, 3409-4488
전송 02-499-0846
홈페이지 http://www.hankookmunhwasa.co.kr
이메일 hkm77@korea.com

값 9,000원
ISBN 978-89-5726-478-2 03810

알고 있나요.
내 목소리

김미숙

한국문화사

책머리에

몇 달을 앓았다
육신의 병은 아니라는데
그럼, 이게 뭘까
대나무도 아프면서
몸을 키운다는데
나도 대나무처럼
삶의 마디 하나 만들어 볼까.

2007 가을 과천에서.
김 미 숙

차례 **알고 있나요. 내 목소리**

책머리에 … 5

제1부 술 한 잔 따라 올리겠습니다

1. 애첩 … 13
2. 메밀가루 다시 풀어라 … 19
3. 청심 한 자락 … 24
4. 아버지의 버팀목 … 29
5. 배워서 남 줘라 … 33
6. 큰 사랑은 … 37
7. 보이는 것과 보이지 않는 것 … 41

제2부 두건을 쓴 녀석

8. 외투 … 47
9. 프로크루스테스의 침대 … 52
10. 내가 꿈꾸는 최고의 아름다움 … 58

11. 아이의 눈 … 62
12. 세밑에 … 66
13. 럼피우스 … 71
14. 나는 지독한 아내 … 75

제3부
아이 메시지

15. 조타수 … 83
16. 보석 … 88
17. 너에게 묻는다 … 93
18. 내 새벽잠 드립니다 … 96
19. 희망의 사수 … 100
20. 문리치 … 103
21. 수도승이 술집에 들어가면 … 107

제4부
그는 내 손을 잡으셨다

22. 그럼에도 불구하고 … 113
23. 아버님 가신 지 여든일곱 날 … 117
24. 나비와 사공 … 120
25. 내가 누리는 자유 … 124
26. 충격요법 … 128
27. 진주와 위스키 … 133
28. 제비 알 … 137
29. 희망 … 141

제5부
꽃등 켜 들고 갑니다

30. 향기 … 147
31. 세월의 두께 … 150
32. 이쯤에서 날 구원 하소서 … 154

33. 이런 사람이 되어다오 … 159
34. 천사의 몫 … 164
35. 포장 … 168
36. 봄의 노래 … 173
37. 감어인 … 178
38. 벚꽃 가지 꺾는다고 … 182

제6부 지중해의 노래

39. 터키 이야기 … 189
40. 이집트 여행길 … 193
41. 그리스의 신전 … 197
42. 상해의 꽃 … 203
43. 행복한 섬 몰디브 … 208

제1부

술 한 잔 따라 올리겠습니다

1. 애첩
2. 메밀가루 다시 풀어라
3. 청심 한 자락
4. 아버지의 버팀목
5. 배워서 남 줘라
6. 큰 사랑은
7. 보이는 것과 보이지 않는 것

애첩

남편에게는 곁 마누라가 있다. 그러니까 나는 시앗을 두고 사는 셈이다. 제왕절개로 둘째 아이를 분만하던 날, 그날도 그는 그의 애첩에게 빠져 있었다. 일주일 후 퇴원을 했고, 그때 비로소 나는 그 사실을 알았다. 산모는 그날부터 단식투쟁을 시작했다. 두 목숨을 건 사투였다. 곡기를 끊었으니 젖이 나올리 만무했다.

그제야 남편은 정신을 차리는 듯싶었다. 그러나 내가 그를 차지했던 온전한 시간은 꼭 사흘이었다. 나흘째 되던 날, 그는 또 소리 없이 사라지고 말았다. 알코올중독증 환자에게나 있음직한 금단현상이 그에게도 찾아온 것이었다. 아무도 몰래 그의 뒤를 밟았다. 예감대로였다. 그가 사라진 문밖 돌계단에서 밤을 새웠다.

김유신 장군의 애마가 생각났다. 술에 취해 깜박 말고삐를 늦춘 사이 말은 어느새 그가 자주 다니던 기생, 천관의 집 앞에 당도해 있었다. 다시는 천관을 찾지 않겠다던 어머니와의 약속을 지키기 위해 김유신은 자기 말의 목을 내리쳤다. 남편에겐 애마의 목을 내리칠 만한 용기가 없는 것일까? 아니 그러고자 하는 의지조차 없는 것 같아 보였다. 그의 방황을 도저히 이해하고 참아낼 수가 없었다.

딱 두 시간만 다녀오겠다고 나간 사람이 꼭 스물네 시간 만에 귀가를 했다. 현관을 들어서는 남편의 정강이를 냅다 걷어찼다. 유례없던 기습에 우두망찰하여 서 있는 남자의 지갑까지 압수를 해버렸다. 장인, 장모가 사위를 어르고 달래도 보았다. 자구책이라면 자구책일수도 있는 무관심이란 특효약도 써 보았다. 백약이 무효였다.

대체 어떤 힘이 저토록 무섭게 한 남자를 휘어잡는 것일까? 내게선 찾을 수 없는, 그래서 채워지지 않는 또 다른 무엇이 있어 그가 저렇게 빠져드는 것일까? 나는 애첩이 주었음직한 감각을 배우고 익혀보고자 무던히도 애를 써 보았다. 그러나 그녀의 마력을 따라 잡기엔 역부족이었다. 나는 절망했다.

갈라서기로 마음을 굳혔다. 우리 부부 연이 십 년으로 끝나는 것인가? 방문을 걸어 잠갔다. 감정을 추스르기가 어려웠다. 속이 짠했다. 이 느닷없는 속 아림은 조물주가 여자에게만 부여한 모성본능이라는 것인가. 남편을 증오하기엔 이름 짓기 어려운 또 다른 어떤 감정이 이미 너무 크게 웃자라 있었다.

이제 저 남자 녹즙은 누가 갈아주나. 내 손이 닿지 않으면 항상 빼뚤빼뚤한 가리마를 누가 고쳐주나, 꽃게의 속살은 누가 파주나. 이 한심한 연민의 정체는 또 무엇인가. 쏟아지는 눈물을 주체할 수 없었다.

차라리 그 눈엣가시가 사람이라면 같은 여자라면 붙들고 애원이라도 해보련만, 아니 머리채라도 잡고 흔들어 보련만. 남편의 애첩은 말이 통하지 않는, 피도 눈물도 통하지 않는 차디 찬 돌덩이다. 그것도 손톱만한 흰 돌, 검은 돌.

생각해보면 그는 바둑에 깊이 빠져 있는 것 말고는 별 흠잡을 데 없는 사람이다. 하나 외쪽생각만 하는 나는, 남편을 그렇게 무아지경으로 몰고 가는 바둑을 시간만 잡아먹는 놀이라고 몰아붙였다. 사람만이 사람을 외롭게 한다고 했는데 그때 그는 얼마나 쓸쓸하고 답답했을까.

헤어지자는 나의 일방적인 통보에 남편은 예의 그 넉살 좋은 미소를 지으며 나를 설득하기 시작했다. 중국에서는 바둑을 두뇌의 스포츠라 하여 인성 교육의 기본으로 삼는다고 한다. 또 일본에서는 자기가 마음속에 떠올린 세계를 기반 위에 구축해 나가는 것은 마치 화가가 캔버스 위에 자기를 표현하는 것과 같다하여 예술의 경지로까지 받아들인다고도 한다. 곧 바둑은

'求道의 길' 이라는 것이다. 듣고 보니 그럴 듯 했다. 구도의 길을 간다는 데야 내가 무슨 수로 말리겠는가.

그렇다. 바둑은 곧 그의 우주였던 것이다. 하지만 난 정작 그의 더 큰 세상을 빼앗기에만 집착을 했다. 자발없는 나에 비해 남편은 꽤 잔득한 사람이다. 내게 없는 그 잔득함이라는 것도 다 무혈의 전쟁터에서 그가 얻은 전리품이 아닌가 싶다. 남편은 또 말했다. 딱히 술, 담배도 모르는 그가 바둑 말고 빠질 곳이 따로 있겠느냐고. 만약 자기가 지방 근무로 홀로 떠나 있을 때 그에게 바둑돌이 없다면 그 무엇이 있어 자기를 지켜 주겠는가고. 그 이상 자기를 지켜 줄 든든한 수호자가 바둑 말고는 아무것도 없다는 것이다.

그렇다면 남편의 애첩을 미워해야 할 내가 아니라 오히려 그에게 감사를 해야 할 입장이 아닌가. 이젠 내가 바둑돌에 버금가는 애첩이 돼야겠다는 생각을 한다. 그러나 내가 그렇게 마음을 다잡은 순간, 하루 기원에 다녀오지 못한 그가 오늘은 하루 종일 독수공방이었다고 말했다. 기가 막혔다. 독수공방은 마누라 없이 지내는 것 아니냐고 묻는 내게 "내 마누라가 누군데?" 라며 웃는다. 바둑은 어느새 곁 마누라에서 본마누라로 자리바꿈을 하고 있었다. 마지막 보루였던 조강지처의 자리까지 난 이미 빼앗기고 있었던 것이다. 그러나 아무려면 어떤가. 우리는 과연 무엇을 빼앗기고 또 무엇을 쟁취할 수 있단 말인가. 그것이 사람 아닌, 아니 여자가 아닌 돌덩어리인 다음에야 본처면 어떻고 애첩이면 어떤가. 그의 빈 세계만 채워줄 수 있으면 그것으로 족하지.

남편은 아마추어 7단이다. 아마추어는 바둑을 즐기는 입장이고, 프로는 바둑으로 괴로워하는 직업이라 한다. 그렇담 난, 프로다. 난 프로가 될 만큼 긴 시간 바둑 때문에 많이 힘들었다. 사람 아닌 돌에게 끝없는 강새암으로 내 자신을 괴롭혀 왔다. 이 보이지 않는 내면의 전쟁이야말로 결국 가장 유치한 치기가 아니었을까. 그러나 이젠 좀 자유롭고 싶다. 그 자유를 위해, 남편의 우주를 위해 난 지금 바둑판 앞에 앉아있다.

술꾼 아내가 남편 따라 술꾼이 되었다는 얘기가 있다. 가족들이 모두 잠든 이 밤에 나는 술잔 대신 '초보자를 위한 바둑 가이드'를 펼쳐들고 가만히 빈방으로 빠져나와 주안상이 아닌 바둑판 앞에 혼자 앉은 것이다. 부창부수의 도를 따름이 아닌, 남편을 이해하기 위한 용기이며 사랑하는 방법이 아니랴. 이럴 때 술꾼의 아내는 코를 비틀어 쥐고 독주를 마셨을까. 어쩌면 마신 술이 너무 뜨거워 돌아앉아 울어버렸을지도 모른다.

가만히 바둑돌을 쥐어본다. 독주처럼 뜨겁지 않은 차가운 신선감이 손끝에 느껴진다. 매끄럽고 맑은 탄력이 손끝 아닌 원감(遠感)으로 만져지는 것 같다. 바로 이런 것이었을까? 남편이 한사코 빠져들 수밖에 없었던 마력의 정체가? 마치 애첩의 고혹적인 스란치마 한 자락을 겨우 겨우 붙잡은 것 같다고나 할까. 이 기분이 참 묘하다. 이럴 때 술꾼의 아내가 울어버렸다면, 난 빈방에 불을 밝히고 남편의 애첩과 마주하리라. 애첩이 밝힌 홍등만큼 현란하기야 하랴마는 밖이 아닌, 안에다 남편의 자리를 만들기 위해 난 이렇듯 밤마다 애첩 수련을 게을리 하지 않으련다.

메밀가루 다시 풀어라

고춧가루 두 근에 무 한 개를 넣어 깍두기를 담았던 철없던 신혼 초, 결혼 후 맞는 첫 추석이 되어 시가(媤家)로 차례 지낼 준비를 하러갔다. 할 줄 아는 일이 없어 오페라 가수마냥 두 손을 마주잡고 이리 왔다 저리 갔다 눈치만 보고 있는데, 한 쪽에서 메밀 적을 부치고 있는 형님 모습이 눈에 들어왔다. 그냥 한자리에 앉아 있으면 눈치 보이지도 않고 덜 거치적거릴 것 같아 내가 해보겠다고 자청을 했다. 그런데 자리를 내주는 형님 표정이 영 어정쩡하다.

"얇게 부쳐야 해."

그까짓 것쯤이야 하며 후라이팬에 들기름을 듬뿍 두른 후, 메밀 한 국자를 떠서 넣고 고명을 얹은 후 다시 메밀 푼 것을 그 위에 부었다. 도톰하니 처음 해보는 솜씨치고는 수준급이었다. 보는 이도 없는 것 같아 한 조각 뜯어 맛을 보았다. 아릿한 들기름 향에 쌉쌀한 메밀 맛이 어우러져 가히 일품이었다.

한 소쿠리가 다되어 갈 무렵, 밖에서 도토리묵을 쑤다 들어오신 어머니가 내가 부쳐놓은 적을 보시고는 형님을 향해

"에미야, 메밀가루 다시 풀어라."

하신다. 그 한 마디는 내 가슴을 헤집고 들어와 정신까지 아득하게 만들었다. 자고로 메밀 적은 미농지처럼 얇아야하며, 더구나 내가 부친 것처럼 기름이 뚝뚝 흘러서는 안 된다는 것이다. 다 그르쳤다며 다시 메밀가루를 푸는 어머니의 모습은 오랫동안 내 가슴에 깊이 남아 그 일은 결코 호의적이지 못한 옛 기억으로 자리잡고 말았다. 그리고 영 그분 곁에 가까이 가게 할 수 없는 큰 장벽이 되었다.

저녁도 입에 대지 못한 채 일을 마치고 친정으로 달려가 엄마를 붙들고 섧게 울었다. 그 놈의 메밀 적이 무에 그리 대단하다고 사람을 이리도 비참하게 만드는지. 아무튼 그 후로 10년 간 시가에 가서는 녹두 적, 메밀 적 부치는 근처에는 얼씬도 하지 않았다.

하도 그 일 때문에 맺힌 골이 깊어 집에서 수도 없이 적 부치는 연습을 했다. 그래서 나름대로의 노하우를 터득하게 되었다. 살짝 달구어진 후라이팬에 고명을 넣고, 그 위에 메밀 푼 것을 잽싸게 부을 때면 무슨 첩보 영화의 한 장면을 보는 것처럼 온

몸의 세포들이 모두 살아나는 것 같은 긴장감까지 느껴야만 했다. 그렇게 연습에 연습을 거듭한 결과, 몇 년 전부터는 나도 적 부치는 대열에 자신 있게 설 수 있게 되었다. 요즘은 별 말씀 없이 통과를 시켜 주시니 음식에 관한 한 유난히 남다른 당신 마음에 어느 정도 드나보다고 나름대로 안심을 하였다.

그런데 어느 해부터인가 며느리들의 음식 솜씨 뿐만 아니라 옷매무시에까지도 후해지는 어머니의 모습을 발견할 수 있게 되었다. 우리들이 반지나 목걸이 같은 장신구로 치장을 하는 것도 싫어하시고, 더구나 손톱에 메니큐어가 칠해져 있는 날이면 불벼락이 떨어지곤 하였다. 이번 설에는 모임에 참석 후, 곧장 서울로 향하느라 미처 손톱 정리를 할 여유가 없었다.

그날따라 붉디붉은 색이어서 더욱 신경이 쓰였다. 아무리 손을 감추려 해도 왜 그리 그 놈의 붉은 색은 선명한지 나중에는 양쪽 머리가 다 아팠다. 그런데 어머니 앞에서 적을 부치는 내 손이 보이지 않을 리 없는데 도통 별 반응이 없으시다. 이제 며느리들에게도 제가끔의 자유를 주시려는 건가 하는 안도에 마음을 편히 먹기로 했다.

그런데 가만히 보니 손자들에게 아이스크림을 사먹으라고 돈을 주시는 어머니 품새가 예사롭지 않다. 전부 만 원짜리 한 장씩을 나누어 주는 것이다. 아이스크림 값치고는 많다고 하자

"요즘 천 원짜리 어디 쓸 곳 있더냐." 하신다.

세상에, 내 솜씨가 이제야 어머님 마음에 미치나 해서 좋아했는데 이제 희수(喜壽)를 넘긴 어머니의 시력이 천 원짜리, 만 원짜리도 구분 못 할 정도로 그새 쇠퇴해 버렸기 때문이었다. 무사통과가 어머니의 약해진 시력 덕이라니. 이 어른은 끝까지 내 자존심에 흠집을 내고 마는구나. 하나 내 자존심이 대수이던가. 어머니의 꼬장꼬장한 꾸지람은 이 어른 건강의 바로메타였는데.

철강성이란 별은 제자리가 흉방(兇方)에 있기 때문에 길방(吉方)을 비출 수 있다고 한다. 어머니의 그처럼 차가운 시선과 완벽을 추구하는 결벽에 가까운 까다로움은 끝없이 나를 긴장케 만들었고, 또 그로 인해 난 스스로를 다스리며 노력하여 꾸준히 뻗어나갈 수 있었는데⋯⋯ 시어머니란 흉방의 자리에서 늘 나를 비추었으므로 나는 점차 자리바꿈을 하여 길방으로 들어설 수 있지 않았을까.

약해진 것이 어디 어머니의 시력뿐이겠는가. 무너진 내 자존심과는 상관없이 십여 년 전 친정엄마를 붙들고 울었던 것처럼 또 한 번 대성통곡을 해도 좋으니, 그 서릿발 같은 불호령이 다시 듣고 싶음은 무슨 연유인가.

오늘 내가 사는 이곳에서 중소기업 박람회가 열린다기에 구경 차 들렀다가 메밀가루를 본 순간 어머니 생각에 코허리가 아려왔다.

"메밀가루 다시 풀어라."

그 대쪽 같은 목소리가 다시 한 번 더 듣고 싶은 것이다.

청심 한 자락

퇴촌 부근에 터 잡고 있는 친구의 전원주택엘 갔었다. 듣던 바의 풍문보다 상상을 뛰어 넘는 아름다운 풍광(風光)에 탄사가 절로 나왔다. 사백여 평의 대지라고 했으나 가로막은 구획물이 따로 없어 온 사방 눈 닿는 곳 모두를 소유하고 사는 친구가 몹시 부러웠다. 운치 있는 목조 건물이며 주변 분위기와 걸맞게 꾸며놓은 실내, 그리고 부엌 용품들까지 모두 격조 있게 안배되어 있었다.

선망(羨望)이란, 내가 그것과 같아질 수 없을 때 가져보는 단순한 부러움이기만 하다면 그것은 거짓이다. 이를테면 배가 아픈 게 정상이다. 더욱이 오랫동안 아파트 생활을 하다보면 잠시의 배앓이로 끝나지 않는 게 더 정직한 것인지도 모를 일이다.

퇴촌을 다녀 온 이후 몇날 며칠을 입을 봉하고 살았다. 무력감이랄까. 서른두 평의 삭막한 공동주택에 산다는 게 억울하기까지 했다. 하늘 한 자락 바라보려면 있는 대로 목을 길게 뽑아야 하고, 앞뒤로 들어찬 건물들에 가려 숲이나 산을 볼 수 있는 호사는 아예 주어지지 않았다.

갑자기 숨막혀 하고 말수까지 줄어 든 내게 어느 날 남편이 드라이브를 하자고 했다. 교외로 나가던 중 자동차 정비소에 들렀다. 시간이 꽤 걸릴 모양이다. 딱히 앉을 곳이 마땅찮아 주변을 기웃거리다 언뜻 어느 모퉁이에 눈길이 가 멎었다. 마치 붙박인 듯 시선이 정지 된 그 곳엔 기이하게도 잎새 넓은 식물 한 포기가 궁벽한 공간을 기어오르고 있었다. 자동차 부속품과 잡다한 공구들이 널려있는 허름한 창고 그 안쪽 모퉁이엔 믿기지 않을 정도로 건강한 호박 넝쿨이 자라고 있었다.

선명한 황색의 꽃을 두 송이나 피운 채. 아무리 생각해도 이해가 안 되는 풍경이다. 어찌해 그 옹색한 틈서리에다 여린 줄기를 들이밀고 살 생각을 했을까. 놀랍기도 하고 또한 신기하기까지 했다. 맡긴 자동차는 이미 까맣게 잊고 그 수상쩍은 상황에 발목이 붙들려 남의 집 창고 한 귀퉁이를 면밀히 살폈다. 대관절 이 한 생명이 바라는 건 무엇일까에 골몰했다.

이렇듯 비좁고 열악한 조건 속에서 마디를 키우며 꽃을 피우기까지 무엇인가의 곡절이 꼭 있을 것 같은 생각이 드는 것이었다. 뿌리의 정착지를 더듬어 보았다. 한데 그것은 건물의 바깥

너저분한 박토였다. 아마 어쩌다 길가에 버려진 씨앗이 흙에 묻히고 발아해 자생한 게 분명했다. 건물이 남향이기에 창고의 동남쪽 내부로 햇살이 들게 마련이었고, 호박 포기는 자연히 그 빛을 향해 안간힘을 쏟은 것이 아닌가 싶다.

눈물겨운 의지가 아닌가. 자라고자 하는 본능과 꽃피우고자 하는 욕망이 철저하게 억제 당한 상태였기에 더더욱 예사로 보이질 않았다. 그리고 많은 걸 생각하게 했다. 산다는 것은 도대체 얼마나 큰 힘과 용기를 필요로 하는가. 겨우 몇 마디의 키 자람을 위해, 겨우 두어 송이의 꽃을 피우기 위해 얼마나 많은 낮과 밤을 골몰했을까. 꽃이 화려한 색을 지님은 벌. 나비를 유인하기 위함인데, 그 외진 공간으로 어느 세월에 벌. 나비가 날아와 줄지……. 결국 수태를 못해 열매는 맺지 못 할 테지만 그 모습 그대로 내게는 충분한 걸작이었다.

시간의 흐름도 잊은 채 그 곳에 쪼그리고 앉아 문득 안네프랑크를 떠올린 건 우연이 아니다. 극도의 공포와 혼란스러움 속에서도 막연한 가능성 하나에 어기찬 뿌리를 내리는 열다섯 살의 안네. 어두운 은신처 다락방 모퉁이의 안네에게 유일한 구원의 빛이 있었다면 그것은 다름 아닌 일기장, 이 정신적 화자(話者)의 존재였다고 생각한다.

사람에겐 빵의 필요성 이상으로 자기 구원을 위한 대상이 요구된다. 하나 구원의 목표는 사람마다 다르다. 각기 틀리기에 세상은 다채롭고 이만큼이라도 균형유지가 되는 게 아닌가 싶다.

이런 생각이 든 것은 요즘 시장 길을 오가면서 바라 본 어느 기공소의 풍경 때문이다. 집에서 재래시장을 가려면 꼭 거쳐야 하는 곳이 있다. '양헌 기공소' 라는 현판(懸板)이 내어 걸린 소규모 업체로서 이십여 명 남짓한 젊은 남자들이 계절과 관계없이 매우 힘든 일에 땀 흘리며 사는 모습을 보여주는 곳이다. 쇠붙이를 녹여 무르게 한 다음 원하는 어떤 틀에다 부어 굳힌 후 연삭 작용을 통해 '인덱스 드라이브(Index drive : 고속 자동 이송기)' 를 만드는 곳이다. 처음엔 별 관심 없이 지나쳐 다녔다. 세탁소나 빵 가게 앞을 지나치듯 그저 하나의 눈에 익은 풍경, 그 이상은 아니었다.

한데 어느 날 그 작업장 벽에서 붓글씨로 씌어진 '達事淸心'(심청사달)이라는 글귀를 보았다. 그런데 그것이 이상하게도 여러 날을 머릿속에서 떠나지 않는 것이었다. 나의 고정관념으론 그 집 벽에 딱 어울리는 건 차라리 근면. 성실 정도라야 옳았다.

어느 날엔가, 잠시 휴식을 취하고 있는 기술자 한 사람에게 말을 걸어 보았다.

"무척 힘드는 일이지요? 편한 일도 있을 텐데……."

그러나 기름때투성이 얼굴에 흰 이를 드러내며 그는 밝게 웃었다. 건강한 해바라기처럼. 그리고선 "재미있어요." 하고 말했다. 재미있다는 그 한 마디에서 나는 결코 간단치만은 않은, 어떤 깊은 진의(眞意)를 보았다. 재미있다는 것은 그가 하는 일에 대한 긍정이며 애정이 아닌가. 내가 그리 쉽게 발견하지 못한 그 애정과 긍정을 그는 그의 노동을 통해 얻고 있구나 싶은 깨달음 같은 게 왔다. 보기에 좋았다. 누추한 행색임에도 밝고 따스하고 아름답다는, 참 느낌이 좋은 사람이었다.

그와 '達事淸心'을 번갈아 바라보며 한결 더 높아진 가을 하늘에서 나는 '淸心' 한 자락을 나누어 받는다. 기름때에 절은 내 이웃의 유쾌한 철학자 한 사람이, 정작 너무도 남루한 내가 가엾어 보여 그가 가진 것 중 한 모서리를 뚝 떼어 준 것만 같다. 그랬다. 내 몫의 생활에 긍정적으로 기뻐하지 못하는 내가 기공소의 남자보다 가난한 게 사실이다.

호박 포기와 같은 어기찬 의지도 없었고, 내일에 대한 보장 없는 목숨일지언정 안네처럼 삶에 대한 치열한 애정 역시 모호하기만 했다. 그저 어영부영 뜬구름이나 좇아 살아 온 내 빈곤의 정체를 이제는 알 것 같다. 우연한 기회에 다녀 온 친구의 전원주택. 나는 그 곳에 다녀오고서야 내 집이 얼마나 넓고, 편안하고 과분한 것이었는지를 새삼 느끼고 있다.

아버지의 버팀목

친정아버지가 입원을 하셨다. 욕 잘하는 사람과 술 잘 먹는 사람에 악인이 없다고 했는데 그 말을 받아들이기엔 우리 가족 모두는 이미 너무 지쳐있었다. 아버지는 마음의 고통을 덜기 위해 육신을 학대하고 있었다.

술에 대한 아버지의 집착은 급기야 아버지를 알코올성 간염으로 몰고 갔다. 술로 입원까지 하게 되었지만 술을 이긴 시절도 있기는 했다. 아버지는 직업군인이었다. 그 많은 직업 중 아버지가 군을 선택한 데는 어떤 까닭이 있었을지도 모른다.

아버지는 실향민이다. 누구보다 가장 먼저 그리운 고향 땅에 발을 들여 놓을 수 있다는 희망, 바로 그것이 그 이유가 아니었을까. 푸른 제복을 입고 있는 동안은 고향에 가야 한다는, 갈 수 있으리라는 희망으로 활시위처럼 팽팽하게 긴장할 수 있었으리

라. 그러나 그 긴장을 놓아버린 상태, 그것은 깊이를 헤아릴 수 없는 허공이었다.

아버지는 이제 그 허공을 자식들로 메우기 시작했다. 혈혈단신(孑孑單身) 월남하여 어렵사리 이룬 가정, 그 속에서 태어난 우리 4남매. 아버지는 당신의 모든 것을 자식들에게 다 쏟아 부었다. 그 집념 덕택에 우리 형제 모두는 대학을 마칠 수 있었다. 그리고 실한 날갯짓하며 각자 제 둥지를 틀어 날아가 버렸다. 이제 그 버팀목도 잃은 아버지는 술에다 당신 자신을 기대는 것 같았다.

식구들을 힘들게 한 아버지의 주사는 정년퇴직을 한 후 극에 달했다. 하늘을 향해 통곡하고, 끝도 없는 절규를 했다. 주신(酒神)은 해신(海神)보다 더 많은 사람을 익사시켰다는 말이 있다. 주신은 아버지를 익사시킬 것만 같았다.

아버지를 입원시키던 날의 심정은 마치 먼 유배지에 아버지를 혼자 남겨둔 채 돌아서는 기분이었다. 맏딸인 내가 과연 아버지를 이해하려고 얼마나 노력했던가. 그 아픔의 근원을 알려고 좀 더 가까이 다가선 적이 있었던가.

실향(失鄕)이라고 하는 단어를 사전에서 찾아보았다. '고향에 돌아갈 길을 잃고 헤매고 다님.' 으로 되어 있었다. 내가 평소에 갖고 있던 실향의 개념보다 더 크고 더 무거운 고뇌의 진원을 짐작하게 했다. 아버지는 돌아가야 할 모천(母川)을 잃은 것도 사실이지만, 지척에 그 모천인 어머니를 두고도 갈 수 없는 쓰라림이 있었던 것이다. 샘가에서 목이 말라 죽는 고통은, 그렇지 않은 경우보다 얼마나 더 처절한 것이랴. 내게 아버지이기 이전에 나는 그 분을 어머니 잃은 영혼으로 보았어야 했는지도 모른다. 고향은 곧 어머니의 다른 말이 아닌가.

퇴원을 한 후로 아버지는 여행을 많이 하신다. 남편은 장인, 장모를 모시고 다니는 여행을 좋아한다. 그래서 우리 집 여행 계획에는 꼭 두 분이 포함되어 있다. 아버지와는 대조적으로 술을 입에도 대지 못하는 남편은 자기가 술을 못한다는 사실이 그저 송구스러워, 가는 곳마다 특산물인 약주를 장인에게 올린다. 그러나 말 그대로 약주로 그치면 좋겠으나 아버지의 폭주는 우리를 목적지까지 가게 하지 못하고 중도에서 그냥 집으로 돌아오게 한 적도 있다. 이번에도 두 분을 모시고 불영계곡을 거쳐 동해안을 다녀왔다. 그런데 이번에는 웬일인지 가는 곳마다 사위가 약주를 권해도 한사코 마다하신다. 혹시 당신으로 하여 3박 4일의 여행이 당일로 끝나지 않을까 염려되어 그런지 거의 한 잔도 들지 않으신다.

갑자기 가슴 한 쪽에서 찬바람이 몰아쳤다. 코허리가 아려왔다. 차 뒷좌석에 두 분이 나란히 앉아 계셔야만 조화로운 우리 집 여행 풍경인데. 만약 저 자리가 빈다면…… .

휴게소가 보인다. 차에서 급히 내려 동동주를 한 병 샀다. 내 손으로 아버지를 위해 술을 사보기는 처음이었다. 술을 따라드리는 행위인들 있었겠는가. 한사코 마다하는 아버지께 술을 한 잔 따라 올렸다. 술잔을 받아 든 아버지의 옆얼굴이 나를 끝없이 슬프게 했다.

아버지의 마지막 보루라고 믿었던 술까지도 아버지를 지켜주지 못했던 것이다. 총대만 메고 있으면 금방이라도 고향으로 돌아갈 수 있으리라던 젊은 날의 혈기도, 4남매나 되는 자식들도 결국 아버지의 진정한 버팀목은 아니었다.

이젠 혈기도, 자식도, 술도 이길 수 없는 아버지. 이제야 아버지의 외로움을 조금은 알 것 같다. 떠나온 모천에로의 회귀. 그 간절한 바람이야말로 진정 아버지의 마지막 버팀목이었는데…….

배워서 남 줘라

대학 1학년, 교양과목 국문학 개론 시간이었다. 어떤 연유에서인지 강의실은 절반도 차지 않았다. 교수님은 강의실을 휘 둘러보더니 묵묵히 강의에 열중하셨다.

강의를 끝내시며 “가방만 메고 왔다 갔다 해도 검정고시 출신보다는 행복할 텐데, 왜 선택받은 사람들이 이렇게 불성실한지 모르겠다. 오늘 출석한 여러분들은 열심히 배워서 남 줘라.” 하시며 강의실을 나가는 것이었다. 검정고시 출신들을 폄하해서가 아니라 그 만큼 사람 사이에서 부대끼며 배우는 삶을 중요하게 여기신 때문이리라.

우리들의 수업 태도가 언짢아서 하신 말씀일 것이다. 그런데 배워서 남 주라는 말이 이상하게 뇌리에 와서 박혔다. ‘배워서 남 주나?’ 는 말은 학업에 게으른 학생을 꾸짖을 때도, 또 학생

스스로가 자신을 자위하기 위해 하는 말이기도 해 늘 들어오던 말이다.

그런데 당시 교수님의 그 말씀은 받는 것에만 익숙했지, 남에 대한 배려에는 인색하기만 했던 나에겐 그렇게 생경하게 들릴 수가 없었다. 열심히 필기한 노트를 빌려달라는 친구들이 내심 그렇게 얄밉던 철부지 새내기 시절 이야기가 아닌가. 공들여 배운 것을 남에게 주라니. 그런데 오늘에 이르기까지 한 학기 내내 교수님께 들은 강의 내용은 세월에 씻겨 잊었어도 그 한 마디는 알게 모르게 머릿속에 각인되어 이따금 헤아려 보게 된다.

얼마 전 문학이 종교 간의 벽을 허문다는 모임이 있어 수필가 선배를 따라갔다. 그런데 그 곳에 옛 은사이신 바로 그 교수님이 계신 게 아닌가. 가끔 문학 모임에서 먼발치로 뵌 적은 있지만 직접 대면하게 된 것은 처음이다. 교수님의 달라진 모습, 백발을 보는 순간 눈시울이 뜨거워졌다. 사제 간이라지만 전공이 달랐고, 각별히 정이 깊은 것도 아니었는데 느닷없이 격해지는 이 감정의 정체는 도대체 뭐란 말인가. 그 좋았던 풍채는 어디로 갔는가. 은발의 교수님을 보자 세월이 야속하고, 시간에 거역할 수 없는 인생이 공허하였다.

술 한 잔 따라 올리는데 눈가에 눈물이 어렸다. 그 때 눈물의 근원을 어렴풋이나마 짐작할 수 있을 것 같았다. 배워서 남 주라던 그 말씀이 지금의 나를 만들었다는 깨달음이 왔던 것이다.

남에게 주라함은 무언가를 소유했음을 전제한다. 이미 소유한 배움, 즉 지식을 남에게 준들 그것이 없어지겠는가. 공유를 뜻함이 아니겠는가. 정보와 지식의 사유는 어떤 의미에서 물질의 사유보다 더 큰 악을 낳는다는 말이 있다.

배움에 지혜가 보태지면 덕이 되는 것 같다. 그러나 그 지혜라는 것이 어디 하루아침에 얻어지는 것이던가. 배움은 무덤까지 가는 것이요, 그러니 덕을 쌓는다는 것은 내가 아무리 노력해도 쉬이 이룰 수 있는 일은 아닌 것 같다. 그러나 어렵다고 손을 놓기엔 인생이 너무 허망하다. 경제적으로 넉넉해 남에게 베풀 수 있다면 그것도 좋은 보시이겠으나 그런 능력은 없으니 마음으로라도 덕을 쌓는 일을 생각해 본다.

그저 책을 읽고 공부하는 순간순간이 행복하다. 그리고 내가 배워 아는 것을 남에게 전하는 것 또한 그렇게 기쁠 수 없다. 지식의 효능이 나비효과처럼 나타날 수도 있기 때문이다. 다행히 나는 아이들을 가르치는 일을 하고 있어서, 그 아이들이 한 뼘씩 자라나는 모습에서 커다란 기쁨을 느낀다.

그래서 기회가 되면 어디든 가리지 않고 공부하러 다녔다. 내가 배운 만큼 아이들에게 줄 수 있는 것이 많았다. 지천명에 이르렀어도 나는 배움에 목이 마르다. 모든 인간은 지식을 갈망한다고 아리스토텔레스도 말했지만 내가 이렇게 배움에 목말라하는 것은 그것을 남에게 주기 위함이다.

오늘에서야 알겠다. 이십여 년 전, 교수님의 그 한 마디가 내게 깊이 새겨져 내 삶의 지표가 되었음을. 그 한 마디를 예사의 말씀으로 알고 새겨두지 않았다면 나는 아마도 평범한 주부로 허무하다는 신세타령이나 하고 앉았을지도 모른다.

내 한 마디 언행이 남의 삶의 모토가 될 수 있다. 어떤 말은 분노의 응어리로 남기도 하지만, 어떤 말은 좌우명이 되어 한 사람의 생애를 빛내기도 한다.

나는 또 누구에게 어떤 한 마디를 던져 그 사람의 생을 바꾸어 놓을 수 있을지 이 깊은 밤, 생각에 잠겨본다.

큰 사랑은

시간이 허락하면 자주 도서관엘 간다. 오늘은 '김지원' 의 장편소설 〈소금의 시간〉을 펼쳐들었다.

가장 먼저 눈길을 끈 대목은 책 뒤표지에 씌어있는 글귀였다. "사랑 안에는 자기 자신이란 것이 완전히 녹아서 온 생명으로 있기 때문에 우리의 영혼을 녹일 수 있다."는 내용의 글이었다.

소설가 김지원은 파인 김동환과 최정희의 딸이다. 김지원이 하루는 낮잠을 자다 꿈을 꾸었다. 잉크 글씨가 씌어진 편지지가 옆으로 누워 팩스기에서 나오듯 흘러나오는데 거기 어머니의 증명사진이 꽃잎처럼 훅 떨어져 박혔다는 것이다. 그 편지지가 사람 人자로 변했다니 참 신기했다.

그래서 어머니의 글 중에서 사람 人자가 붙은 단편소설 '인맥' 을 찾아 장편소설로 써볼까 하여 시작한 것이 '소금의 시간'

이 되었다고 했다. 자신이 태어나기도 전에 씌어진 어머니의 소설 '인맥' 전문을 자신의 작품 '소금의 시간' 중의 한 장(chapter)으로 수록한 배경이 왠지 예사롭지가 않은 것이다. 작가는 만들어지는 것이 아니라 선험적으로 타고나는 것일까. 50페이지에 불과한 최정희의 단편 소설은 역시 몇 번을 읽어도 지루하지 않았다.

친구 혜봉의 남편 허윤을 본 순간 사랑에 빠져버린 선영은 법학사인 남편을 가진 유부녀임에도 불구하고 가정을 버릴 결심을 하게 된다. 아름답다는 건 영원히 지키는 데 있으며, 그녀가 자기 가슴에 영원히 새겨질 여성이 되길 바란다는 허윤의 한 마디에 선영은 전보다 더 남편에게 충실하고 한 집안의 주부, 더 나아가 완전한 여성, 참다운 사람이 되려고 죽을힘을 다해 노력한다.

더구나 혜봉, 선영, 허윤 셋이 함께 좋은 사람이 되려고 애쓰는 모습은 사랑은 증오와 함께 간다는 사랑의 철저한 관념성을 깨 주었다. 사랑이 지향해야 할 어떤 승화 된 단계까지도 보여주는 것 같았다. 또한 육체의 욕망과 이해타산, 독점욕을 버린 이런 감정이야말로 진정 큰 사랑이 아닐까하는 생각이 들었다.

평소 친형제처럼 살가운 친구가 소설처럼 애절한 고백을 해왔다. 가슴 아프게 헤어진 첫사랑의 남자를 우연히 만나게 되었다고 했다. 그녀가 이사를 간 후 처음으로 예배를 보러 간 교회에서다. 그것도 목사와 성도로서 조우를 하게 되었다니 놀라운 인연이었다.

두 사람은 계속 만남을 갖게 되고 옛날의 감정이 아직도 살아 있음을 알게 되면서 고통 속에 빠져들기 시작했다. 목사는 파계를 생각했고, 가정을 버릴 수 없는 친구는 죽음까지를 생각하게 되었다.

그런데 한 순간 친구에게 어떤 깨달음이 왔다고 한다. 자신이 목사님을 사랑한다고는 하나 그 사랑이 하느님이 그에게 주시는 사랑보다 크기야 하겠느냐는 회의가 일기 시작한 것이다.

결국 친구는 목사님을 놓아야 한다는 결심을 하게 되었다고 한다. 그러면서 이 세상에는 극복 못 할 사랑은 없다는 생각이 자기를 지배했다고 한다. 사랑 때문에 목숨을 버리는 이들도 있으나 그건 참사랑이 될 수 없을 거라는 생각이 친구를 정신 차리게 했다. 결국 영혼이 녹아 든 완전한 사랑을 알게 된 것이었다.

이루지 못한 사랑은 어떤 사람에게는 나머지 삶을 황폐화시키는 독이 되고, 일생 가슴을 찌르는 고통이 되기도 한다. 그러나 어떤 사람에게는 그 지나간 날의 향기로움이 영원히 남아 보잘 것 없는 생을 견딜만하게 해주기도 한다. 결국 사랑은 높게는 우리의 영혼을 초월로 인도할 수도 있지만, 낮게는 타락과 파멸로 이끌 수도 있다는 말이다.

결국 친구는 사랑의 아픔을 모두 이겨냈기에 가시나무새가 가시의 고통을 이겨내듯 그녀 또한 고통을 스스로 씻어내서 세상에서 가장 아름다운 사랑의 노래를 부른 게 아닐까.

보이는 것과 보이지 않는 것

계란찜을 하려고 보니 파가 없다. 망설이다 참기름 한 방울을 떨어뜨리고 깨소금을 듬뿍 넣었다. 파를 싫어하는 아이들은 계란찜 맛이 참 좋단다. 앞으로는 깨소금만 넣고 만들어 달란다. 아이들은 계란찜의 맛이 보이지 않는 참기름 향에 의해 달라진다는 것은 생각지 못한다. 그저 눈에 보이는 깨소금이 계란찜의 맛을 결정한 것으로만 안다.

오래 전 '사랑이 머무는 풍경' 이란 영화를 보았다.

5년간의 결혼 생활을 청산한 에이미는 직장에서도 마음을 잡지 못해 여행을 떠난다. 호텔 창으로 얼어붙은 겨울 호수에서 멋지게 스케이트를 타고 있는 남자를 보게 된다. 저녁 때 호텔에서 마사지를 받는데 그가 바로 호수에서 스케이트를 타던 그 맹인 남자, 버질이었다.

마음을 정리한 에이미는 다시 뉴욕으로 돌아가고, 남아있는 버질은 자신도 모르게 에이미를 기다린다. 다시 그녀가 버질을 찾아오고 둘은 함께 뉴욕으로 돌아와 개안수술을 받는다. 그러나 수술 후 둘 사이는 금이 가기 시작한다. 서로에게 나타나는 낯선 표정들 때문에. 버질은 눈이 보이지 않았을 때 에이미를 더 잘 보았다고 절규한다. 눈이 자기를 갖고 노니까 보고 싶지 않은 것들을 보게 된다는 것이다. 질투 같은 것들을.

그가 앞을 보지 못했을 때 두 가지 소망이 있었는데 하나는 앞을 보는 것이요, 또 하나는 뉴욕 레이져스의 하키 선수가 되는 것이었다. 둘 중 하나를 택하라면 그는 하키 선수를 택하겠다고 했다. 시력 회복이 절체 절명의 소망일 것 같은데 그는 또 다른 어떤 것, 즉 보이지 않는 그 무엇에 가치 부여를 했다. 수평선이 우리 눈에 보이지 않는다고 존재하지 않는 것이 아닌 것처럼, 지금은 비록 보이지 않는다 할지라도 어딘 가엔 있는, 만질 수는 없지만 추구할 가치가 많은 것이 이 세상에는 얼마든지 있다는 것을 이 영화는 말하려고 한 것 같다.

내가 독서지도를 맡고 있는 학교에서 2학기 특기 적성 교육이 시작되는 첫 날, 교장 선생님과의 간담회가 있었다. 태풍 '피라투룬' 의 영향으로 고향인 평택에 비 피해가 많았다는 말씀으로 교장 선생님이 이야기를 시작하자, 한자 담당 선생님이 이번에 참 대단한 결심을 했다며 말을 건넨다. 무슨 내용인가 했더니 정년을 6개월 앞둔 교장 선생님께 당국에서는 명예퇴직을 권고했지만, 정년의 마지막 하루까지를 다 채우고 나가겠다고 고집을 부렸다는 것이다. 지금 학교를 그만두면 금전적으로 혜택이 있음에도 불구하고, 당신이 벌여 놓은 일이 마무리가 안 되어 교장직을 그만 둘 수 없다는 말씀이다. 결국 교장 자리를 지키고 있는 6개월 동안 매달 몇 십만 원씩의 돈을 거꾸로 내고 있는 결과라고 주위에서는 바보 같다고 손가락질 하는 사람들도 있지만, 그런 것은 당신과는 상관없는 일이라고 했다.

이야기를 듣는 동안 교장 선생님은 보이지 않는 무언가를 추구하며 사는 분이라는 생각이 들었다. 그런 정신력 덕에 그 분이 유난히 건강하고 젊어 보였나 보다. 이런 눈에 보이지 않는 가치관을 신념이라 한다면, 눈에 보이는 것만을 쫓는 사람들은 정신적 맹인이 아닐까 하는 생각을 해보았다.

아이들은 눈에 보이는 깨소금의 존재만 인정한다. 아니 어찌 아이들뿐이겠는가. 세상사 바로 눈앞에 보이는 겨자씨보다도 작은 일에 일희일비하는 나, 적어도 정신적 맹인에서는 벗어나야겠다는 생각을 해본다.

제2부

두건을 쓴 녀석

8. 외투
9. 프로크루스테스의 침대
10. 내가 꿈꾸는 최고의 아름다움
11. 아이의 눈
12. 세밀에
13. 럼피우스
14. 나는 지독한 아내

외투

대학 수학능력 시험을 끝낸 딸아이가 눈이 작은 것이 자신의 최대 콤플렉스라며 쌍꺼풀 수술을 시켜달라고 한다. 작은 눈 때문에 스트레스를 많이 받은 걸 아는지라 성형외과에서 상담을 받았다. 의사는 수술을 하면 지금보다 훨씬 큰 만족을 얻을 것이라 했다.

그래서 일정을 잡아 수술을 받았다. 딸아이는 결과에 만족했고 예전보다 자신의 모습에 자부심을 갖는 것 같았다. 매사에 소극적이고 자신 없어 하던 아이가 먼저 친구에게 전화를 걸어 만나자고 하는가 하면, 눈 큰 사람을 부러워하더니 이제는 별 관심을 안 갖는 눈치다. 예뻐진 딸을 바라보는 엄마인 나도 마음이 흡족하여 즐거웠다.

눈은 얼굴에서 가장 흡인력이 강한 블랙홀이다. 화가 나면 대상을 불태워버릴 듯 뜨겁게 타오르기도 하고, 수치심을 느낄 때면 마음을 숨기려고 눈길을 피하기도 한다. 호기심이 들 때면 눈꺼풀을 크게 열어 눈동자를 더 많이 드러내기도 하며, 부끄러울 때는 살짝 눈을 감아 감정을 감춘다.

첫인상, 매력을 물으면 둘 중 한 명은 초롱초롱하던 상대의 눈망울을 잊을 수 없다고 한다. 시인이 아니더라도 눈은 얼굴에서 반짝이는 한 쌍의 별이라고 하지 않던가. 그래서 로마의 정치가 플리니우스는 눈을 '영혼의 창' 이라 했으며 영국의 시인 콜리지는 "아, 눈이란 얼마나 멋진가! 얼마나 묘하고 심오한 존재의 정수인가!" 라고 노래했다. 반짝이는 눈은 지성과 사랑을 말하는 존재의 조그만 연못이다. 그렇게 얼굴에서 큰 비중을 차지하는 눈이 예뻐져서 다행이라 생각하면서도 하루 종일 거울만 들여다보는 아이를 보니 은근히 걱정이 되는 것도 사실이다.

요즘은 얼굴 예쁘고 몸매 좋은 사람들이 활개 치는 세상이다. 그래서 청소년들 사이에서는 외모가 남에게 떨어지면 열등감으로 학업에까지 좋지 않은 영향을 받는다고 한다. 그래서인지 젊은 여자들을 주시해 보면 성형수술을 받은 사람이 많아 보인다. 수술 결과가 좋아 덕분에 만족하며 즐겁게 생활한다면 바람직하다 할 수 있겠으나, 그 반대의 결과도 빚어질 수 있는 법. 겉모양에만 치중해 성형의 실패로 성격은 물론 인생을 망칠 수도 있으니 보다 신중을 기해야겠다는 생각이 든다. 아무리 외양이

중시되는 세상이라지만 잘못 되었을 경우 정신적인 고통도 대단하다고 하니 어디에다 옳고 그름의 기준을 두어야 할지 모르겠다.

예뻐진 눈에 만족한 딸은 요즈음 거울을 들고 산다. 시도 때도 없이 거울을 보는 게 후유증이라면 후유증이다. 이러다가 외모 지상주의의 맹신자가 되는 건 아닌지, 자만심에 빠지게 되는 건 아닌지 변해가는 딸을 지켜보며 엄마로서 기우에 사로잡히기도 한다. 오늘도 거울을 들고 화장대 앞에 앉아있는 딸애를 보니 예전에 읽었던 러시아 작가 고골리가 쓴 〈외투〉의 주인공 '아까끼 아까끼예비치' 가 떠올랐다.

만년 구등관 아까끼 아까끼예비치는 너무 낡아 바늘조차 넣을 수 없는, 그래서 수선이 불가능한 외투를 갖고 있다. 오직 새 외투를 마련하는 것이 그의 소원이었다. 외투를 장만하려고 끼니까지 걸러 가며 돈을 모을 때에는 앞으로 외투가 생길 거라는 희망을 갖게 되어 그것만으로도 정신적인 양식이 충분히 되고 있었다.

이때부터 그는 자신에 대해 충실해지고, 마치 결혼이라도 하여 반려자가 옆에 있는 것처럼 느끼며 살아간다. 그 반려자란 다름 아닌 두껍게 솜을 넣고 닳아 해지지 않는 질긴 안감을 댄 새 외투이다. 그는 전보다 활발해진 것 같았고 성격까지 강하게 변했다.

천신만고 끝에 외투를 장만한 그는 하루하루 다른 사람으로 변해간다. 가장 서류 정리를 잘 하던 그가 일에 관심을 잃고 하루 종일 외투를 걸치고 침대에서 뒹구는가 하면, 또 외투를 입고 밖에 나갈 궁리만 한다.

결국 외출 길에서 돌아오다 강도에게 외투를 빼앗긴 그는 상심한 나머지 병을 앓다 숨을 거두고 만다. 외투가 그의 전부요, 간절한 꿈이었으므로 그것을 잃게 되자 삶의 의욕까지 상실했던 것이다. 물론 작가가 말하고 싶었던 것은 당시 러시아 지배계급에 대한 풍자와 부조리한 당대 실정의 고발이지만, 요즘의 딸아이를 보고 있자니 이 소설이 떠올랐다.

이 작품에서 '외투' 는 딸아이의 크고 예쁜 눈과 같다고 할 수 있다. 절실함과 그 해소에 대한 만족의 차원에서도 동질이다. 딸애가 아름다운 눈을 갖게 되었으므로 더 나아진 용모로 밝은 삶을 살아주었으면 좋겠다.

더욱이 새내기 대학생으로 그의 본분인 공부에 충실하고 나아가 남을 배려하는 자세를 갖는다면, 고와진 눈이 이 겨울 딸아이가 얻은 최상의 선물이며 축복이 될 것이다. 하지만 혹시라도 직분을 망각하고 겉모습에만 신경을 쓴다면 어렵게 외투를 장만하고 변해가는, 다시 말해 알맹이를 잃고 껍데기에만 모든 것을 건 '아까끼 아까끼에비치' 와 다를 바가 없지 않을까.

요 며칠 딸아이의 행동거지를 지켜보며 살아가는데 있어 정작 중요한 명분을 잃고 쓸데없는 것에 매달리는 우를 범하지나 않을까 하릴없는 노파심에 젖어본다.

프로크루스테스의 침대

'오빠, 우유함에 열쇠 있다.'

초등학교 2학년 딸아이가 현관 문 밖에 써 붙인 메모다. 들어와 보니 그 것으로도 미심쩍었던지 우유 투입구 바닥에다 동화책을 괴어 올리고, 우유함만 열면 곧장 열쇠가 보이도록 세심한 배려까지 해놓았다.

너무 어이가 없어 야단을 칠 수도, 칭찬을 해 줄 수는 더 더욱 없었다. 그저 돌아서서 아이 몰래 자꾸만 웃었다. 단순하고 간단명료한 사고만을 지닌 아이, 그 순수가 더 없이 어여쁘다. 아름다운 것은 분명 기쁨 그 자체이다. 그러나 이럴 때 어미는 그 기쁨에 무작정 안주하고 동의할 수 없는, 슬픈 역할의 배역도 감당해야 하는 것이다. 열쇠를 제 오빠가 아닌 다른 검은 손이 가져갈 수도 있다는, 참으로 부끄럽고 어두운 이야기를 피해갈 수는 없다.

아이의 천진난만한 얼굴을 마주한 순간, 잠깐이나마 속으로 답답하고 맹꽁이 같다고 딸아이를 몰아 쳤던 자신이 부끄러웠다. 산다는 것은 매 순간이 두렵다. 더구나 백지처럼 아무 것도 그려져 있지 않은 아이들의 마음 바탕에 어떤 밑그림이 되어 주어야 하는 어미의 노릇에 서랴.

지난해 스승의 날, 일일 교사 신분으로 아들아이 반에서 하루 수업을 했다. 그날의 주제는 말하고 듣는 기초 영어였다. 일상적인 과목이 아니어서인지 아이들의 눈빛이 매우 진지했다. 몇 번의 일일 교사 경험으로 작은 것이 아름답다는 걸 새삼 느낀다. '고욤이 감보다 달다.' 는 말처럼 머리 큰 아이들 반보다, 저학년 아이들 반이 그 중 즐겁고 보람을 안겨준다. 잘 되지도 않는 혀 짧은 발음이지만, 선생의 입 모양새 하나하나에 일제히 시선이 몰리는 걸 느낄 때 작은 전율 같은 것이 인다. 그 귀엽고 맑은 아이들의 모습들에서 나는 내게 없는 순수를 배우고, 내가 그네들에게 줄 수 있는 것은 지극히 작고 초라한 것들뿐임을 절감한다. 누구에게 무얼 가르친다는 건 또 얼마나 두려운 일인가.

사 오십 명의 반 아이들 중 유난히 눈길이 가 닿는 아이가 있었다. 몸이 불편한 아이, 그러나 표정만은 맑고 깨끗한 아이. 저 아이가 주영이로구나 하는 걸 느끼고부터 내 마음은 어떤 가책으로 동요하고 있었다. 그가 정상아가 아니어서가 아니라, 그

아일 편안히 마주볼 수 없는 간접적인 죄책감이 일어서이다. 더군다나 그날 아들애는 조그만 물병에 번갈아 입을 대가며 거리낌 없이 주영이와 물을 나누어 먹고 있었다. 그것은 불결하고 냄새나는 것에 유독 민감한 반응을 일으키는 엄마를 보고 자란 내 아이의 모습이 아니었다.

내 자신 몹시 혼란스럽고, 근원적인 내 심성에 의심이 일기 시작했다. 학교에서 돌아온 아들애는 주영이 이야기를 자주하곤 했다. 곁에 앉아 침을 흘리고, 때론 오줌을 싸 놓기도 해 냄새가 나고 지저분해서 아이들 모두가 같이 앉기를 싫어한다는 것이다. 나같이 철이 덜난 어른에게도 그렇거늘, 하물며 철부지들에게 있어 더럽다는 것은 분명 혐오의 대상이 될 수 있으리라. 할 수 없이 선생님께선 그 아이를 반장인 아들애의 짝으로 정해 주신 모양이있다.

아들아이의 생일에 주영이는 초대받고 싶어했다. 아들애가 열심히 만들어 놓은 초대장 중에서 난 주영이의 것을 슬그머니 빼놓았었다. 주영이의 초대장이 없어졌다고 이곳, 저곳 찾는 아이에게 그 아이는 다음번에 초대하자고 아들애를 어렵게 설득했다. 혹여 주영이로 인해 내 아이의 생일잔치가 그르쳐질까 어린 아들보다 못한, 모자란 어미가 저지른 이악(利惡)의 소치였다. 부끄러웠다. 내 입맛에만 맞게 길들이고 키우느라 정작 아이가 지닌 고귀한 천성을 혹시 망가뜨려 놓은 것은 아닌가 하는 뜨거운 자책이 고개를 들었다.

얼마 전 길에서 파는 병아리 한 마리를 아이가 사들고 왔다. 듣기와는 다르게 달포 넘도록 별 탈 없이 잘 자랐다. 밤낮 없이 공 마냥 주무르고 성화를 부렸건만 잘 자라는 걸 보면 명줄이 퍽 질긴 녀석이었다. 명줄 질기다고 표현한 데에는 그만한 이유가 있다. 아이들 등살에 키우고는 있지만 그 뒤치다꺼리가 여간 성가신 게 아닌 탓이다. 배설물과 먹이 감으로 냄새가 지독하게 밴 병아리를 생각 끝에 목욕을 시켰다. 샴푸 푼 대야에 담가 꼼꼼히 씻고, 흐르는 물에 몇 번을 되 헹궈 햇살 든 베란다에 병아리를 내어 놓고 잠시 외출을 했다.

볼일을 끝내고 집에 돌아오니 문을 열어주는 아이들 둘의, 얼굴과 눈이 퉁퉁 부어있는 게 아닌가. 울고 있었던 것이다. 병아리, 병아리가 죽었다고 말해놓고선 굵은 눈물이 비 오듯 했다. 난감했다. 물론 나는 아이들과 같이 병아리의 주검을 놓고 울어주진 못했다. 내 과실에 대한 약간의 뉘우침은 있었으나 짐짓 역정을 내었다. 그까짓 병아리 때문에 밥도 못 넘기고, 잠까지 못 자서야 큰 사람 되겠느냐고 야단을 쳤다.

장난감처럼 주무르는 병아리가 아이들을 위해선 깨끗해야 된다고 여긴 것은 사실이다. 그러기 위해서 병아리의 죽음은 슬퍼할 가치가 없다고는 말하지 않았다. 내가 싫어한 것은 더러운 냄새였지, 여린 목숨의 병아리는 결코 아니었다. 그러나 이미

나는 그까짓 병아리라고 말해버린 데 대한 책임은 피할 수가 없었다. 내 아이들에게 더럽고 냄새나는 것은 가차 없이 거부해도 된다는 몸짓의 기준을 이미 주어버린 셈이다. 그때 아이들은 생명체에 대한 어미의 무심을 어떻게 받아 들였을까. 마음이 착잡했다. 그동안 난, 내 아이들을 위한답시고 얼마나 많은 병아리들을 씻어 죽였던가.

생각나는 희랍신화가 있다. 괴적(怪賊)의 거인(巨人) '프로크루스테스' 는 길가에 다니는 사람들을 잡아다 자신의 침대에 묶어 놓고, 침대 길이보다 짧으면 다리를 침대 길이만큼 늘리고, 길면 다리를 잘라 침대 길이에 맞추었다고 한다. 내 아이들을 가르침에 있어 난 과연 프로크루스테스는 아니었을까.

그렇게 깊은 자책의 늪에 빠져있는데 나를 안도케 하는 한 장면이 떠오른다. 어느 날 제 친구 녀석들이 병아리 두 마리를 높은 곳에서 떨어뜨려 어느 놈이 살아남나 내기 하는 것을 보고, 분을 삭이지 못해 몰강스런 녀석들을 때려주고 들어오던 아들아이의 씩씩거리던 볼따구니. 그 기개(氣槪)에 찬, 분노의 근원을 의심치 않는다. 그리고 우유함에 열쇠 있다고 대문 밖에 방(榜)을 써 붙이는 딸아이의 무구함을 바라보며 슬그머니 안도의 가슴을 쓸어내린다.

요행이라고나 할까. 프로크루스테스의 침대에 묶여있던 것은 다름 아닌 바로 나 자신이었던 것이다. 그나마 천만다행이라는 생각이 드는 것이다.

내가 꿈꾸는 최고의 아름다움

집 근처 공원 앞, 한 무리의 여고생들 틈에 양손에 짐을 든 부인이 둘러 싸여 있다. 어느 학생의 어머니려니 싶었다. 그런데 학생들이 바싹 다가서더니 "선생님 어디 다녀오시는 길이냐."며 짐을 교무실까지 들어다 드리겠다고 한다. 괜찮으니 너희들 볼일이나 보라며 실랑이로 시끌벅적하다.

아, 선생님이었구나. 복장이나 분위기가 전혀 선생님 같지 않은지라 그녀에게로 관심이 쏠렸다. 아무튼 몇 차례인가 그 비슷한 일이 반복되고, 드디어 교문 앞에 도착한 그 선생님이 또 한 무리의 남학생들에게 결국 짐을 빼앗겨버리는 광경까지 보게 되었다.

아마 이 선생님은 모든 학생들을 자기 자식과 같이 사랑으로 감싸주는 분일 것이다. 그래서 많은 학생들에게 존경과 애정을 한 몸에 받는 것이리라. 단지 차림새가 직장인 같지 않다는, 이유 같지 않은 이유 때문에 내가 그 진면목을 보지 못한 것이다.

마치 노천명의 수필 〈교장과 원고〉에서, 제자의 앞길을 터주기 위해 뻔히 선배임을 알면서도 인사를 않고 지나가는 후배에게, 먼저 머리 숙여 인사하는 교장 선생님의 인격에 유리 조각 모양 부서졌다는 노천명처럼 나 또한 그 선생님의 훈훈한 사랑 앞에 내 좁은 소견이 조각조각 부서지고 말았다.

그 선생님과 남학생들이 사라지는 뒷모습을 한참이나 바라보다 돌아서는데, 깔끔하게 차려입은 아가씨가 앙증맞은 강아지를 끌고 가고 있다. 그런데 이 강아지가 아직 배변 연습이 충분치 않은지, 아니면 몹시 급했던지 길에다 실례를 하는 것이다. 그러자 아가씨가 핸드백에서 휴지를 꺼내 뒤처리를 깔끔히 한다. 시멘트 바닥을 말끔히 닦고 그 휴지를 손에 들고는 한참을 가서 휴지통에 넣는다. 참 아름답고도 미더운 모습이었다.

우체국에 유치원 꼬마들이 견학을 나왔다. 머리에 유행하는 두건을 뒤집어 쓴 녀석, 머리칼에 보라색 물을 들인 녀석, 노란 꽃, 파란 꽃, 정말 녀석들은 막 피어오르는 꽃송이들이다. 두건을 쓴 녀석이 보라색 물을 들인 녀석에게 소곤거린다.

"이 다음에 우리가 엄마 되면……" 아, 다음 말이 너무 듣고 싶다. 녀석들은 저들끼리만 소곤거린다. 들고 있던 한 묶음의 우편물을 탁자 위에 내던지고 두건 앞에 달려간다. "이 다음에 엄마 되면 어떻게 할 건데?" 부끄러워서 말할 수가 없단다. 아, 저 꼬물꼬물 꿈꾸며 피어나는 노란 애벌레 같은 모습들, 얼마나 예쁜가.

17세기 바로크 양식은 그 화려함과 아름다움이 극치를 이루었다고 한다. 중세 신에게 눌려 살던 인간이 장엄한 신의 모습을 상징하기 위해 무조건 크고 웅장하기만 했던 고딕 양식에 반발하여, 인간도 완벽한 아름다움을 만들어낼 수 있다는 것을 보여주기 위해 태어난 양식이라고 한다. 순전히 감각적이고 오로지 모티브의 풍부함과 자극에만 의존했다. 말하자면 궁중적 화려한 취향이라 할 수 있겠다. 요즘도 장식이 호화롭고 우아한 가구를 총칭해 바로크 가구라고 한다. 하나 바로크 양식이 제아무리 화려하고 아름답다 한들 우리 인간들이 만들어내는 모양보다 더 아름다우랴.

모차르트의 음악은 완벽에 가까워 신의 경지까지가 느껴진다고 한다. 그러나 베토벤의 음악은 청각에 문제가 있어서이기도 하겠지만, 그의 곡에서는 완벽해 보이지 않는 부분이 보인다는 말을 들은 적이 있다.

인간이기 때문에 어쩔 수 없이 부족할 수밖에 없는, 그래서 진보를 향해 나아가려는 의지가 엿보이기 때문에 그를 악성이라고 부른다는 것이다. 특히 교향곡 〈영웅〉에서 그런 점이 잘 드러난다고 한다. 꽤나 수긍이 가는 말이다.

사랑으로 제자들을 감싸는 선생님, 자기 자신만큼 주변까지도 깔끔히 가꾸려는 소시민, 꿈꾸며 자라나는 아이들, 그들이 만들어내는 몸짓보다 세상에 더한 아름다움이 있을까. 울고, 웃으며, 사랑하고, 미워하는 불완전한 우리네 인간들이 만들어내는 그 모습 그대로가 내가 꿈꾸는 최고의 아름다움이다. 천의무봉(天衣無縫)을 인간사에서는 바랄 수 없기 때문이다.

아이의 눈

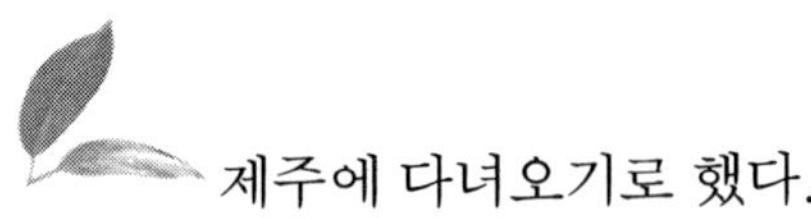

제주에 다녀오기로 했다.

갑작스런 여행이라 비행기 표 구하기가 쉽지 않다. 겨울방학 기간이어서 더구나 우리가 원하는 토요일 표는 엄두도 못 낼 상황이다. 그래서 목포에서 카훼리호를 타고 차를 가져가기로 했다.

대천에서 5시간이 걸려 오후 1시경 목포에 도착을 하니 3시 30분 배가 있다. 차를 배에 실어 놓고 식사를 한 후, 터미널에서 남은 시간을 보내게 되었다. 옆 의자에 중학생으로 보임직한 5명의 소년들이 앉아 저마다 귀에 이어폰을 꽂고 조용히 음악을 듣고 있다. 아마 저들만의 추억을 만들기 위해 어렵사리 부모님의 허락을 받아 제주로 향하는 것이리라.

그런 그들에게 어떤 할머니 한 분이 다가가더니 전화 카드를 빌려달라고 한다. 그러자 그 중 한 학생이 얼른 카드를 꺼내 공손하게 할머니에게 내민다. 이를 받아 든 할머니가 한참을 전화부스에서 머물다 나오더니 전화가 안 된다고 했다.

그때 3시 30분 제주행 손님은 배에 오르라는 안내 방송이 흘러나왔다. 그러자 그 학생의 얼굴에 당혹감이 스치는 게 보였다. 잠시 망설이던 학생은 자기가 지금 배를 탈 시간이 되어 카드를 더 이상 빌려드릴 수 없으니, 이것으로 전화를 하시라며 100원 짜리 동전 3개를 한사코 마다하는 할머니 손에 쥐어주는 것이다. 옆에서 지켜보던 내 입가에 미소가 번졌다. 배에 오르며 이번 여행은 왠지 다른 때보다 더 즐거울 것 같다고 슬며시 남편의 손을 잡자 싱거운 사람 다 봤다며 싱끗 웃는다.

창가에 자리를 잡고 앉으니 뒤 따라 올라 온 그 학생들도 바로 우리 곁에 앉는다. 귤을 한 개씩 나누어 주자 뽀얀 목련 같은 얼굴들에 선한 웃음꽃이 피어난다. 배가 움직이기 시작했고, 창을 통해 밖을 보니 우리가 타고 가는 큰 배가 밀어내는 바닷물은, 만약 내가 떨어져 내린다 해도 포근히 받아 안아줄 것 같은 하얀 포말을 만들어 내고 있었다.

식당에 다녀와 보니, 누군가 우리 짐을 한 쪽으로 밀어 놓고 아예 자리를 다 차지하고 있는 게 아닌가. 우리가 앉았던 곳이라고 하자 다 같이 가는 배에 내 자리, 네 자리가 어디 있느냐며 비킬 생각을 않는다. 남편은 옆에서 바라다보고만 있고, 할 수 없이 옮기려고 하니 아들아이가 다른 데로 가기가 싫다고 한다. 처음부터 이곳은 우리가 앉았던 곳이라고 고집을 부리는 것이다.

엄마와 잠깐 밖으로 나가자고 해도 아이는 요지부동이다. 오히려 자기 자리도 못 찾는 엄마, 아빠가 바보라며 소리를 높인다. 결국 참다못해 아이의 머리를 한 대 쥐어박고 갑판 위로 데리고 나왔다. 이 배에는 우리 가족만 있는 게 아니고, 우리는 이제껏 창가에서 바다를 바라보며 왔으니 남에게 양보를 해도 좋지 않겠느냐고 달랬다. 아이는 배에 사람이 별로 없으니 다른 곳으로 가면 될 걸 왜 하필 거기에 앉는지, 더구나 이미 해가 져서 밖을 볼 수도 없는데 남의 자리에 앉아 가는 그 사람들이 도저히 이해가 안 된다는 것이다. 아이의 어깨를 토닥이며 옆에 앉았던 중학생 형이 할머니께 보여주었던 공손하고 따뜻한 마음, 남을 배려할 줄 아는 마음가짐을 다시 한 번 생각해 보라고 타일렀다.

도대체 무엇이 이 아이의 가슴을 이렇게 삭정이처럼 만들어 놓았을까. 순간 얼마 전 도내 경시대회에서 한 점 차이로 2등을 하고 와서 며칠을 속상해하던 아이의 얼굴이 떠올랐다. 무엇이든 1등을 해야 직성이 풀리고 이해, 양보보다는 자기주장, 자기 권리가 강한 아이.

경마장에서 둘레에 신경 쓰지 않고 오직 앞으로만 달리게 하기 위해 말에게 곁눈 가리개를 씌운다는 말을 들은 적이 있다.

나야말로 나와 내 아이의 눈에 곁눈 가리개를 씌우고 달려가고 있는 것은 아닐까.

어떤 일을 하고 있어도 또 다른 무언가를 해야 한다는 강박관념에 사로잡혀 이웃과 차 한 잔 하는 시간조차 편치가 않다. 텔레비전 드라마 한 편 보는 시간도 항상 무엇에 쫓기듯 불안하고 하다못해 콩나물, 파 한 뿌리 다듬는 시간도 아깝다. 물론 아이들이 조금만 노는 기미가 보여도 좌불안석이다. 이것이 다 정신적 여유를 잃어버린 데서 오는 현상이 아닐까. 그렇다고 내가 남들보다 시간을 더 효율적으로 활용하는 것도 아니다. 그저 저 혼자 괜스레 마음만 급한 것이다.

아이들에게 무엇을 보여 주어야 할지 내가 변신해야 함을 느낀 하루였다.

세밑에

한 해의 마지막 날, 찻집에서 친구와 환담을 나누었다. 그녀가 갑자기 진지한 표정을 짓더니 신년 인사를 하자고 한다. 새해에는 더욱 더 복 많이 받고 건강 하라며 내 손을 꼭 잡는 친구의 얼굴을 보자 속으로 웃음이 나왔다. 몇 시간 후 제야의 종소리가 울리고 또 한 해가 간다고 새삼스레 뭐가 그리 달라지겠는가.

어제와 오늘이 크게 다르지 않았던 것처럼 오늘과 내일 사이에도 하늘이 놀랄만한 기적 따위는 일어나지 않을 것이다. 그럼에도 우리는 우리가 만들어 놓은 시간에 지나치게 큰 의미를 부여하며 살고 있다. 누군가 시간에는 매듭이 없기 때문에 사람들은 무한하게 지속되는 그 반복성이 두려워 자꾸만 시간을 인위적으로 나누고 구별 짓고 싶어 한다 했다.

시간이 대화의 주제가 되어 이런저런 생각을 하다 보니 결국 시간은 수(數)라는 생각으로 귀착되었다. 數란 셀 수 있는 사물의 다소를 나타내는 것이다. 7세기경 인도에서 발명되었다고 하는 아라비아 숫자에 여러 단위를 붙여, 그 단위에 따라 부여된 만큼의 가치에 우리는 지배를 받고 있다. 피타고라스는 만물의 근원이 숫자라 했다. 현실의 경계를 정하고 질서를 부여하여 현실을 이해 할 수 있는 규칙을 숫자에서 찾았다.

수하면 우선 꼽히는 게 나이다. 내 나이 쉰 고개에 이르고 보니 나이를 숨기는 여자의 마음을 이해할 수 있을 것 같다. 누가 나이를 물으면 그 숫자에 목이 걸려 '쉰' 이란 말이 소리가 되어 나오지 않았다. '쉰' 하고 소리 내보면 먹다 남은 식은 밥이 생각나고, 그러다 보면 마치 내 자신이 쉬어버린 듯한 느낌까지 들곤 한다. 나이는 숫자에 불과하다지만 주눅이 드는 것은 어쩔 도리가 없다.

내가 쉰이라는 숫자에 이렇게 알러지를 일으키듯, 이탈리아인들은 17이라는 숫자의 라틴어 순서를 바꾸어 놓으면 '나는 죽는다.' 라는 말과 같아지기 때문에 그 수를 아주 싫어한다고 한다. 우리가 4자를 죽음을 나타내는 한자 死와 연관 지어 꺼리듯, 일본인들도 같은 뜻의 시(屍)와 발음이 같은 이유로 4자를 꺼린다.

반면 중국인들은 8이란 숫자의 발음이 발전. 부귀. 번영. 재물을 뜻하는 파(發)와 비슷해 선호하며, 일본인들도 한자로 쓴 8(八)의 모양이 아래로 퍼져 나간다고 하여 길수로 생각한다고 한다. 이렇게 사람들은 인간이 인위적으로 만든 어떤 특정수에 행운, 혹은 불행의 의미를 부여하여 오랜 시간 수에 휘둘리며 살고 있는 듯하다.

수에 선이 합해지면 미(美)가 되고, 악이 합세하면 추(醜)가 된다. 매년 연말이면 신원을 숨기며 불우 이웃에게 써달라고 거금을 기부하는 사람들을 보게 된다. 그들은 자기가 갖고 있는 것, 즉 수로 나타낼 수 있는 재산에 선을 추가해 아름다움을 만들어 내는 것이다. 반면 카지노 같은 곳에선 욕심이라는 악을 더하여 결국에는 죽음을 부르는 이들도 있다.

나도 아주 작은 일에 욕심을 보태다 내 자신을 돌아다보는 기회를 가질 수 있었다. 저녁이면 집 근처 대공원에서 걷기 운동을 한다. 공원 입구 노변에서 강냉이 장사를 하는 아저씨가 있다. 나는 단골이 되어 운동을 마치면 아이들이 좋아하는 뻥튀기를 사들고 온다. 그런데 도로 보수 공사로 해서 아저씨가 여러 날을 나오지 못했다. 그래서 재래시장에 들러 할머니에게 뻥튀기를 사곤 했는데 무슨 연유인지 그 할머니마저도 나오지를 않았다. 할 수없이 그 옆집 할머니에게 사며 2천 원을 드리니 '천 원이여' 하며 한 장을 되돌려 주는 것이 아닌가. 그만한 크기의 봉투에 담긴 것은 다 천 원이라고 한다. 그럼 대공원 아저씨는 놀이 공원이라는 이유로, 또 전의 할머니는 천 원의 돈을 더 받고도 모른 척 폭리(?)를 취했다는 이야긴가.

어느 날 밤, 기온이 떨어져 복장을 단단히 갖추고 공원 입구에 들어섰다. 뻥튀기 장사 아저씨가 있었다. 그런데 그날은 그의 아내인 듯한 조그마한 여자가 발이 시린지 연신 양 발을 교대로 구르며 남편 곁에서 떨고 있었다. 한 봉지라도 더 팔려고 귀가 시간을 늦추는 듯 보였다.

추위에 떨며 기다리고 서 있는 그의 아내를 보자 측은한 생각이 들었다. 그간 좀 언짢았던 마음이 온데간데없이 사라졌다. 저걸 다 팔면 과연 저들에게 얼마만큼의 이익이 될까하는 생각을 하며 이곳에 몇 시까지 있을 거냐고 물어보았다.

하도 추워서 들어가려고 했는데 내가 내려올 때까지 기다릴 테니 얼른 다녀오란다. 대공원을 세 바퀴 돌아 나오려면 2시간쯤 걸릴 텐데…… 두 봉지만 달라고 하자 그걸 들고 어떻게 운동을 할 거냐고 묻는다. 맡길 곳이 있다며 강냉이 두 봉지를 사 들고 산책길로 올랐다. 두 시간 내내 검정 비닐 봉투를 아령 삼아 흔들며 씩씩하게 걸었다.

많은 이들이 부러워하는 브릴리언트 커트형의 다이아몬드는 세공자의 안목과 정성에 의해 빛이 발산된다. 무지갯빛 아니 그보다 더 할 신비스러운 광채로 빛나게 하는 건, 작고 섬세하게 연마된 58면 각각에 장인의 혼이 깃들어 있기 때문이다.

그깟 강냉이 한 봉지 값에 뾰족했던 내 마음, 해가 바뀌어도 여전히 마흔아홉 인, 分數를 모르는 나는 다이아몬드 58면 중 지금 몇 번째 면의 커팅에 들어가 있는 걸까. 세밀에 나를 돌아본다.

럼피우스

아이들이 즐겨 읽는 동화 중에 《미스 럼피우스》라는 책이 있다.

럼피우스의 소망은 어른이 되어 세계 구석구석을 여행한 후, 바닷가에 집을 짓고 사는 것이다. 그 말을 들은 할아버지는 그것도 좋지만 세상을 좀 더 아름답게 만들 수 있는 일이 무엇인지 생각해 보라고 한다.

소녀는 소원대로 바닷가에 집을 짓고 살게 된다. 하루는 예전에 할아버지가 했던 말씀이 떠올랐다. 세상을 아름답게 하는 일, 그 일이 과연 무엇일까. 세상은 벌써 아주 멋진 곳이기에 자기가 할 수 있는 일은 아무 것도 없을 거라는 생각이 들었다.

어느 날 바닷가 자기 집 뜰 바위 틈새에 소담하게 피어있는 루핀 꽃을 발견한다. 이듬해는 집 주위 여러 곳에 꽃이 피었다.

그녀는 5부셀의 꽃씨를 주문하여 여름내 주머니에 넣고 다니며 이곳저곳에 뿌렸다. 다음 해 봄, 온 들판과 언덕에 파랑, 보라, 빨간색의 루핀 꽃이 만발했다. 세상은 참 멋지고 아름다웠다. 그녀는 경이에 찬 눈으로 꽃들이 만발한 아름다운 세상을 바라본다.

오늘 동화 속이 아닌 살아있는 럼피우스를 만났다. 문우들과 함께 어느 출판기념회에 가는 길에 선배 문인인 E선생 댁을 방문했다. 평소 은은한 차 향기가 느껴지던 선생의 수필들을 읽으며 언젠가 꼭 한 번 방문해보고 싶었다. 내가 새 아파트로 이사온 지금, 나 또한 다실을 꾸밀 궁리를 해보았기에 더욱 가슴이 설레었다.

아파트 2층에 자리한 선생 댁에 들어섰다. 하얀 옥양목 적삼에 자잘한 꽃무늬 포플린 치마를 단아하게 입고 우리를 반겨주는 선생이 퍽 인상 깊었다. 다실은 글에서 읽은 대로 한지로 도배한, 장식이 없는 빈 벽이다. 화로와 주전자, 장방형 상, 무명 방석 등 소박하면서도 품위 있는 분위기였다. 선생은 손수 검은 사발에 푸른 가루와 끓인 물을 붓고 대솔로 휘저어 연두색 거품이 엉긴 차를 만들어 주셨다.

차를 마시고 내다 본 창밖은 탁 트인 시야에 숲을 이룬 나무들이 초여름의 싱그러운 초록을 한껏 내뿜고 있었다. 단풍나무, 전나무, 멀리 아파트 담장은 개나리 잎으로 덮여있다. 도심의 아파트에 이렇게 좋은 뜰이 있다니. 감탄이 절로 난다. 몹시 부러웠다. 그러나 이 아름다운 뜰은 저절로 생긴 게 아니었다. 몹시 무덥던 여름, 나뭇가지 끝자락에 몇 개 남은 어린잎이 타들어 갈 때는 부부가 새벽에 나가 물동이를 날랐고, 또 라일락, 철쭉, 개나리, 산 벚꽃을 해마다 사다 심어 시멘트의 긴 담장을 자연색으로 물들였다는 것이다.

림피우스는 결코 동화 속에만 있지 않았다. 그 푸르고 싱그러운 선생 댁 앞뜰은 거저 주어진 것이 아니지 않은가. 선생의 수필들이 왜 그렇게 내게 긴 여운을 남겼는지 알 것 같았다. 문득 아이들이 식목일을 앞두고 아파트 화단에 나무를 심자고 조르던 일이 생각난다. 마음은 없지 않았건만 선뜻 나무 한 그루 심는 일이 그렇게 쉽지만은 않았다. 차일피일 미루다 때를 놓치고만 일들이 생각나 부끄러워진다. 솔직히 나의 소유가 아닌 공유지라 더욱 그랬는지 모르겠다. 저 6월의 넉넉한 푸름과 신선한 산소는 어디 E선생 가족들만의 것이겠는가. 그 곳 이웃들은 물론 오늘 나까지도 만끽하지 않았는가.

새 집으로 이사 온 후, 요즘 나는 남편과 자주 신경전을 벌인다. 주민들이 그이를 아파트의 동대표로 추천하더니 아예 감사까지 맡겨버렸다. 새 아파트라 일이 많다. 시도 때도 없는 회의는 자정을 넘기기 일쑤고, 서류를 들고 새벽에도, 늦은 밤에도 불쑥불쑥 찾아오는 관리 사무소 직원들. 어느 날은 새벽 3시까지 관리 규약 등과 씨름 하고 있는 모습을 보노라니 한숨이 절로 나왔다. '참, 밥 먹고 할 일도 없는 사람.' 하며 자주 짜증을 부리기도 했다.

조용히 생각해 본다. 꽃을 심고 가꾸는 사람만이 럼피우스가 아닐 것이다. 평범한 사람들이 하기 어려운 거창한 일을 하는 것만도 아닐 것이다. 철마다 텃밭에서 손수 거둔 땅콩이나 깻잎, 장아찌를 문우들에게 나누어주고 싶어 애쓰는 S선생도 내 마음에 살아있는 럼피우스다.

남편은 주민을 위해 전기 회사에 다니는 자기의 전문 능력을 백분 발휘하여 기쁨과 보람을 느끼고 있다. 관리실의 여러 문제점들도 어느덧 많이 해결된 것 같다. 그가 봉사하여 주민들이 보다 살기 좋아진다면 그 또한 세상을 아름답게 만드는 일이 아니겠는가. 조금은 이해가 되는 듯도 하다. 저 일로 해서 그에게 마냥 불평하고 비아냥거릴 일만은 아닌 것 같다.

마음이 조금 누그러지는 걸 보니 선생 댁 녹색 향이 가슴 가득 나를 따라왔나 보다.

나는 지독한 아내

지독한 불면증이다. 남편이 지방 발령을 받자 불면증이 찾아왔다. 뭐 그렇게 금실이 좋은 것도 아닌데 난생처음 떨어져 있자니 힘이 들었다. 갱년기와 겹쳐 병세가 더 심한 것 같았다. 남편은 아내의 치료를 위해 서울 전근을 신청했다. 다행히 병의 심각성이 인정되어 서울 발령이 순조로이 진행되었다. 그래도 증세는 사라지지 않았다.

불면증이라고 하면 대부분의 사람들은 배부르고 등 따셔서 하는 소리라고 일축해 버린다. 그러나 겪어 보지 못한 사람들은 모른다. 보통은 잠이 오지 않으면 책을 읽거나, 따뜻한 물에 몸을 담그거나, 또는 우유 한 잔을 따끈하게 데워서 마신다.

그러면 잠이 찾아오지만 병이 깊어지면 이런 행위들을 할 의욕조차 잃는다. 만사가 귀찮고 그냥 늘어져 누워만 있고 싶다.

거기다 우울증까지 겹치면 몸은 지치고 이유 없이 눈물이 나면서 하루 종일 죽고 싶다는 생각만 든다. 창밖으로 먼동이 트면 절망감이 엄습해 온다. 오늘도 실패 했구나, 또 하루를 어떻게 견뎌내야 하나. 잠과의 처절한 싸움이다. 밤이 오는 게 무섭다.

잠의 요정이 왜 그렇게 엄마에겐 인색한지 모르겠단다. 딸아이가 어렸을 적 읽은 동화에 매일 밤, 잠의 요정이 나타나 별 가루 달 가루를 뿌려주는데 잘못한 사람에게는 아주 조금만 뿌려주기 때문에 잠을 못 잔다는 것이다. 엄마가 큰 잘못을 했나 보다며 제 방으로 가버린다. 지은 죄가 많아서일까. 그렇지 않다면 5분, 10분 잠든 사이에 그렇게 심한 악몽에 시달릴 수가 없다.

엄마와 말다툼을 한 날은 영락없이 깡마른 쥐가 나타나 밤새 내 몸을 물어뜯고, 남편이 늦게 들어 온 날 밤 꿈엔 그의 소지품에서 여자 속옷이 나오곤 했다. 딸애가 마음에 들지 않는 남자와 결혼을 한 대서 안돼, 안돼를 외치다 깨곤 했다. 모두가 내 마음의 앙금이다.

불교 설화에 아주 지독한 아내를 만난 사나이가 있었다. 잔소리가 심해 마누라 죽기를 학수고대하자 정말 병에 걸려 죽고 말았다. 살판났다싶었는데 그 아내가 매일 밤 꿈에 나타나 마당을 쓸지 않았다, 다른 여자를 넘봤다, 술을 많이 마셨다며 해대는 잔소리가 살아있을 때 못지않았다. 도사를 찾아가 꿈에 아내가 나타나지 않게 해달라고 빌었다.

도사는 조그만 주머니에 돌 몇 개를 집어넣은 뒤 이게 뭐냐고 물었다. 돌이라고 하자 절대 열어 보지 말라며 아내가 나타나면 이게 뭐냐고 묻고, 또 몇 개냐고 물어보라고 했다. 꿈에 죽은 아내가 나타나 도사나 찾아다니며 자기 험담을 한다고 잔소리를 늘어놓았다. 도사가 시킨 대로 이게 뭐냐고 묻자 돌이지 뭐냐며 한심하다는 듯 쳐다보았다. 그래서 몇 개가 들었냐고 묻자 다음 날부터 아내가 나타나지 않았다는 것이다.

사나이도 몇 개인지 몰랐으니 꿈속의 아내가 모르는 건 당연한 일. 이렇듯 꿈이란 저 멀리 프로이드를 빌리지 않더라도 제 의식의 반영이라는 건 누구나 아는 사실이다. 마당을 안 쓸고, 술 마시고, 남의 여자 넘본 죄책감이 사나이의 꿈이었다. 나도 내 마음이 옹색하고 복잡하기에 매일 밤 잠깐씩의 꿈자리에서도 이토록 고통을 당하는 것이리라.

몸이 나빠지자 내 존재감에 대한 회의가 들기 시작했다. 아이들은 나름대로 이제 제 앞가림은 할 것 같고, 착한 남편이 마음에 걸리기는 한데 그 사람에게도 좋은 여자 만나 다른 삶을 살아 볼 기회를 줘야 하는 게 아닌가.

급기야 수면제와 신경 안정제를 섞어 입에 넣으려는 순간 딸애에게 들키고 말았다. 좀 자보겠다며 와인 잔에 양주를 따라 벌컥벌컥 마시고 쓰러져 머리에 커다란 혹을 며칠씩이나 달고 다닌 날도 있다. 놀란 남편은 휴직을 해서라도 내 병을 고치겠다고 절망스러워하는 모습을 보이고, 그것이 안타까워 또 한 바탕 눈물을 흘리고 말았다.

피부색은 검어지고 얼굴은 퉁퉁 붓고 컨디션이 말이 아니다. 모임이 있는 날엔, 전날 수면제 두 알을 챙겨 먹어야 몇 시간이라도 자고 볼 일을 볼 수가 있다. 책 한 줄 읽기 싫고, 그렇게 좋아하던 걷기도 기력이 딸려 할 수가 없다.

내 일상이 엉키니 식구들의 생활도 말이 아니다. 집안 분위기는 냉랭하게 가라앉고, 아이들도 슬슬 나를 피하는 눈치다. 우울증 환자 곁에 있으면 관심을 기울여줘야 하므로 에너지가 소모되고, 같이 있으면 부정적 감정이 전염되어 불쾌해진다고 한다. 그래서 식구들이 힘들어 하나 보다. 오늘 아침에도 한잠 못 잤다며 집안 분위기를 흐려 놓았다. 여러 사람들이 병원 치료를 권했다.

강남에 있는 수면쎈타에서 상담을 하고 돌아오는 길이었다. 총신대 역에서 4호선을 타려고 에스컬레이터 쪽으로 가려는데 아줌마가 강아지를 팔고 있었다. 새끼 시추 세 마리가 조그만 상자 속에 누워 있고, 한 마리는 상자 안에서 기어 나와 오가는 행인들 발길을 따라 왔다 갔다 하고 있었다.

강아지를 좋아하지 않지만 조그만 녀석들이 귀여워서 잠시 들여다보았다. 그런데 나와 있던 녀석이 나를 졸졸 따라 오는 것이다. 이름이 '명랑이' 인데 어찌나 성격이 명랑한지 데려다 키우면 기분이 좋아질 거라며 6만원만 내고 가져가란다. 친구가 얼마 전에 동물병원에서 20만원인가 30만원을 주고 새끼시추를 분양받아 왔다는 말이 생각나 너무 싼 것 같아 불안했다. 강아지 키우기가 얼마나 손이 많이 가고 힘든지 잘 알면서도 '명랑이' 라는 말에 순간 마음이 흔들렸다. 내가 주저하는 내색을 하자 옆에 섰던 아줌마가 냉큼 돈을 내며 가져간다.

강아지를 산 아줌마를 비롯해 둘러 선 사람들의 시선이 모두 '명랑이' 에게만 쏠려있지 무기력하게 축 늘어져있는 다른 강아지들에게는 별 관심을 보이지 않는다. 순간 상자 속에 지친 듯 누워있는 나머지 녀석들에게서 내 모습을 보았다. 이것은 싫다. 적어도 이건 아니다.

어물쩍거리다 놓쳐 버린 명랑이를 다시 뒤쫓는다.

제3부

아이 메시지

15. 조타수
16. 보석
17. 너에게 묻는다
18. 내 새벽잠 드립니다.
19. 희망의 사수
20. 문리치
21. 수도승이 술집에 들어가면

조타수

설거지를 한다. 개수대까지 박박 닦는다. 반짝반짝 빛이 난다. 불과 20여 분 투자한 노동의 대가는 이렇게 표가 나는데, 20년 공들인 노력의 보답은 그 무게가 참으로 가볍다. 누군가 한국에서 고3 엄마가 되어 보지 않고는 엄마 자격도 없다고 했다.

입시에 실패한 아이를 원망하는 단계를 지나, 자아비판으로 접어들었다. 내가 못 나온 명문대를 아이가 들어가길 원하니 개천에서 용 나기를 바라는 게 아니겠느냐, 누구처럼 불공을 안 드려서 그럴 거야. 너무 아이를 닦달했나. 잠을 줄이고 밤중에 아이 감시를 잘 할 걸. 입에 맞는 반찬을 좀 더 해 줄 걸. 후회와 반성으로 날밤을 새우기가 여러 날이다.

자기 비하감, 죄의식, 무력감은 우울증을 몰고 왔다. 누군가는 우울증을 의식의 왜곡 현상이니, 정신의 감기쯤이라고 가볍게 말하지만 그 증세로 해서 스스로 목숨을 끊은 여배우의 심정이 충분히 이해되었다. 물론 우울증이 내 마음이 혼자 북 치고 장구 치는 난장판이며, 마음의 도깨비짓이라는 것을 내 의식이 제대로 헤아리기 때문에 아직 내 명줄을 잡고 있는 것 같기는 하다.

아들아이는 명문대에 진학 할 수 있을 정도의, 그런대로 좋은 성적을 유지해 왔다. 그런데 3학년에 올라와 마음의 안정을 찾지 못하는 게 눈에 띌 정도로 심했다. 기분 좋은 날은 미친 듯이 공부를 하고 조금만 마음에 안 드는 일이 있으면 하루 종일 문을 걸어 잠그고 영화를 본다거나, 정신 사나운 락 음악을 틀어대는 것이다.

여름방학이 되자 정서 불안은 더 심해졌다. 저렇게 해서 좋은 성적이 나올까 싶었다. 아니나 다를까 수학능력 시험에서 기대에 못 미치는 성적을 받았다. 떠오르는 단어는 인과응보라는 말밖에 없었다. 그런데도 명문대만 고집했다.

문득 점쟁이를 찾아가 봐야겠다는 생각이 들었다. 집을 옮기거나 답답한 일이 있을 때 한 번도 무속인에게 의지해야겠다는 생각을 하지 않았었다. 그런 곳에 드나드는 사람들을 속으로 경멸해 왔기 때문이다. 그러나 자식이 뭔지, 부끄러움 같은 건 없었다. 그 곳에만 다녀오면 길이 훤히 보일 것 같았다. 뻔한 점괘에 비싼 복채만 날린 것 같았다. 그러나 그렇게라도 하지 않고는 견딜 수가 없었다.

우선 마음을 낮추고, 성적에 맞는 학교에 입학을 한 후, 다음 일을 생각해 보자고 달랬다. 그 말끝에 아이는 담임선생님 앞에서 의자를 박차고 일어섰다. '호밀밭의 파수꾼' 에서 엔톨리니 선생은 방황하는 홀든에게 이 세상에는 인생의 어느 시기에, 자기 자신의 환경이 도저히 제공할 수 없는 어떤 것을 찾는 사람들이 있는 법인데, 네가 바로 그런 부류의 사람이라고 말한다. 그런데 지금 아들애가 꼭 그랬다. 딱 한 학교만 정해놓고 죽어도 거기에만 들어간단다. 이 점이 나를 힘들게 했다.

너무 답답해 10대들의 뇌에 관한 책을 읽어보았다. 청소년들의 정서가 불안한 것은 인간을 인간답게 만들어 주는 곳, 전두엽이 덜 발달했기 때문인데 우리가 지금까지 알고 있던 것과는 달리 인간의 뇌는 만 3세면 거의 다 형성되는 것이 아니라 이 전두엽이란 부분은 스무 살이 훌쩍 넘어서야 발달이 완료되고 완전한 상태에 이른다고 한다.

10대의 뇌는 가공되지 않은 원석이며 그래서 안팎의 영향에 취약하다는 것이다. 그들의 뇌는 여전히 미래를 만들어가고 있는 중이며, 또 급속한 흐름 한 가운데 있기 때문에 정신없이 뒤엉킨다는 것이다. 그리고 그게 정상이라고 했다. 아이들은 항상 결과를 생각하며 행동하는 것이 아니므로 어른들이 가끔은 전두엽 피질이 돼서 약간의 통찰력을 제공하는, 청소년들을 위한 과속 방지턱이 돼주어야 한다는 것이다. 이를테면 대리전두엽, 또는 보조 문제 해결사로서의 역할을 해야 한다는 말이다.

열정과 힘은 있으나 브레이크가 없는 10대, 그들을 둔 부모들은 종종 외줄타기를 할 각오가 되어있어야 한다는데 집안에 마마 호환보다 더 무서운 10대가 둘이나 되니 나의 줄타기는 항상 위태위태하다.

내가 어쩌다 아이 대학도 못 보내는 엄마가 되었을까. 자기애적 분노가 엄습했다. 분노는 사랑의 뒷면이라지만 요즘 내가 느끼는 분노는 정말 분노, 그 자체다. 그런데 누구를 미워하고 원망하려니 정말 힘이 든다. 특히 자식을. 유행가 가사에 나오는 '나의 용서는 너를 잊는 것.' 이란 말처럼, 아예 아이의 존재를 무시하고 떨쳐내 보려고 애를 써보았다. 아들애의 결연한 의지의 부재는 우리 가정의 아킬레스건임이 확실했다.

오빠같이 공부 잘 하는 사람이 대학에 못 들어갔는데, 그보다 못한 내가 어떻게 합격을 하겠느냐는 신경쇠약증 환자인 듯한 연년생 동생 입에서 뿜어져 나오는 독설은 둘이 함께하는 시간이 긴 주말이면, 집안을 여지없이 쑥대밭으로 만들어 버렸다. 날뛰는 두 10대를 달래기에 내 힘은 역부족이었다.

세상에는 완벽한 어머니도 없고, 완벽한 자식도 존재하지 않는다지만 아이들 인성 교육 잘못시킨 나 하나만 없으면 모든 문제가 해결되겠지 하는 단순한 생각이 나를 사로잡았다.

며칠 전 자폐증을 앓고 있는 아들을 키우며 평생 맘고생을 하는 친구를 위로하기 위해 전화를 했다가 내 넋두리만 늘어놓고 말았다. 죽고 싶다는 내 말에 친구는 아이를 키우면서 찾아오는 절망감이 너무나 커 하루에도 수차 죽음의 유혹을 느낀다고 했다. 하지만 자기가 죽으면 아들애는 어쩌나, 또 생목숨 끊으면 지옥 간다는 말이 무서워 꾹 참는 중이라고 했다.

현실이 괴롭다고 삶을 놓으면 다음 생은 더욱 불지옥이라는 친구의 말에 같이 웃기는 했지만 그 단순한 말이 많은 위로가 되었다. 그리고 어쩌면 일시적이 될지도 모르는 작은 고통을 감내하지 못해 이렇게 죽는 소리를 하고 있는 내가, 나와는 잴 수도 없는 크기의 불행을 안고 있는 친구에게 큰 죄를 짓고 있다는 생각이 들었다. 친구의 그 말이 요즘의 하루하루를 지탱해주는 큰 힘이 되고 있다.

조타수는 바로 나 자신이기 때문이다.

보석

월드컵 한. 미 축구 경기가 있는 날, 친정 엄마가 수술을 했다. 수술은 오전 11시에 끝났고 환자 곁에는 올케가 간호하고 있으나, 5시까지는 꼭 볼일을 보러가야 한단다. 수업을 끝내고 교대할 요량으로 서둘러 교문을 나섰다.

지하철역에 도착하니 3시가 조금 넘었다. 가는 동안 지하철에 설치된 텔레비전으로 축구 중계를 보며 갈 거라고 단단히 별렀는데 막 도착한 열차에는 텔레비전이 없다. 다음 차를 탔다. 그런데 축구가 시작되는 3시 30분이 다 되어가는 데도 중계를 할 기미가 보이지 않는다. 그때서야 나는 지하철에 설치 된 텔레비전이 일반 텔레비전과 다르다는 걸 알았다. 당연히 화면만 있으면 축구 중계가 되는 것으로 착각을 했던 나의 아둔함이었다.

평촌에서 'Be the Reds' 티셔츠에 감색 반바지를 입은 여학생 둘이 타더니 내 맞은 편 좌석에 앉는다. 그 여학생들을 보는 순간 아들애가 떠올랐다. 단축 수업을 하고 응원을 하기 위해 경마장에 간다고 어제 아들애도 빨간 티셔츠와 바지를 샀다. 경마공원역에 이르자 여학생들이 내릴 준비를 한다. 순간이었다. 내 머릿속에선 오만가지 생각이 교차했다. 한 시간만, 그래 딱 한 시간이다. 내가 잠깐 일탈을 했다고 세상이 거꾸로 돌지는 않을 것이다. 엄마 수술도 이미 끝났다. 여학생들 뒤를 따라 내렸다.

이미 전반전의 반을 훌쩍 넘긴 경기는 우리가 한 골을 뒤지고 있었다. 그리고 대형화면엔 붕대를 칭칭 감은 황선홍선수의 부어오른 얼굴이 클로즈업되고 있었다. 갖고 있던 책을 옆에 내려놓고 핸드폰의 배터리도 뺐다. 이제 모든 것은 완벽했다. 그런데 자리를 잡고 보니 낯익은 교복의 무리들이다. 아들애가 응원복을 준비해 갔기에 붉은 티셔츠 무리를 피해 앉았더니, 하필이면 아들애가 다니는 학교 학생들이 아닌가. 얼른 다른 곳으로 옮겨 앉았다. 병원에 있어야 할 엄마를 축구 응원장에서 만난다면 아들아이가 얼마나 황당해 할까.

청계산 자락에 산안개는 피어오르고, 대~한민국 응원소리가 산안개와 어우러져 절묘한 하모니를 이룬다. 쏟아지는 빗속에 우산도 아랑곳없이 우리의 아들, 딸들은 오, 코리아, 오, 코리아를 연발한다. 나는 텔레비전 화면 보랴, 환상적인 청계산 안개

쳐다보랴 또, 행여나 응원석에서 비를 맞으며 응원하고 있을 녀석의 얼굴이라도 한 번 볼 수 있을까 시선을 한군데로 잡아 놓을 수가 없다.

안정환 선수의 멋진 헤딩 슛. 동점 골이 터졌다. 역전을 하지 못하고 아쉽게 경기는 끝났으나 그래도 감격스러웠다. 막상 응원 현장에 와서 보니 집에서 화면으로 볼 때와는 상황이 많이 다르다. 만약 우리가 지기라도 했다면 저 끓는 혈기가 어떻게 분출될지 알 수가 없다. 특히 지금 여중생 탱크 사망 사건 때문에 미국과의 묘한 분위기가 이 젊은 피들을 어느 곳으로 몰고 갈지 조금은 겁이 나기도 했다. 그 만큼 이들에게 지금은 축구가 전부인 것 같아 보였다. 특히 젊은이들에게는 더욱 더 그래 보였다.

종료 휘슬이 울리는 순간 잽싸게 일어나 달렸다. 많은 사람들이 역으로 몰려들기 전에 전동차에 오를 수 있었다. 그런데 자리에 앉고 보니 가방에 담겨 있어야 할 책이 한 권도 보이지 않는다. 누군가 가져다 읽겠지.

퇴근해 온 남편이 축구에 대해 한 마디 한다. 이렇게 온 국민이 다 들떠있다 만약 16강에 들지 못하면 그 허탈감을 어떻게 삭이려는지 걱정이란다. 뜨끔했다. 저 남자가 수술한 엄마 놔두고 축구 응원 간 사실을 알면 뭐라고 할까. 또 이다음에 딸아이도 나를 병원에 눕혀놓고 축구 구경이나 하러다니면 어쩌나. 내가 너무 속없는 사람인 것 같아 부끄러운 생각이 들었다.

그런데 이런 의문이 고개를 들었다. 그 와중에 나를 응원장까지 데려간 힘은 도대체 무엇일까. 고지식하고 융통성 없기가 누구 못지않은 사람인데. 어떻게 생각하니 그 순간의 행동이 기지가 번뜩인 것도 같아 아주 대견한 생각까지 드는 것이다.

요즘 우리를 돌아보면 참 대단한 민족이라는 생각이 든다. 축구 표를 사기 위해 3박 4일씩 텐트를 치고 날밤을 새는가 하면, 고등학교 학생들은 수업을 빼먹고 지방 경기장까지 원정 응원을 가기도 한다. 중학교 교실에서는 일 교시부터 아이들이 없어져 선생님이 응원장에 가서 찾아왔다고 한다. 우리 모두를 미치게 하는 힘, 바로 그것이 나의 일탈을 부추겼던 것 같다.

무심히 컴퓨터를 켜 보니 일 년 전에 써 놓은 이 글이 눈에 띄었다. 나 자신을 어이없어하며 쓴 글이라 내가 읽어도 웃음이 나온다. 내 행동에 스스로 기지가 번뜩인다고 한 표현에 놀라기도 했다. 마침 텔레비전에서는 한. 일 월드컵 일주년 기념으로 우리가 치렀던 경기를 다시 보여주고 있었다. 폴란드전에서 첫 골을 넣은 황선홍 선수의 얼굴이 화면에 잡힌 순간 '보석' 이란 단어가 떠올랐다. 황 선수뿐 아니라 선수 한 사람 한 사람의 얼굴이 내겐 다 보석처럼 보였다.

흔히 우리는 그들을 스타라고 한다. 하지만 '스타' 라는 어감엔 왠지 태양이 떠오르면 곧 스러져버릴 이슬 같은 운명적인 어떤 것이 배어있는 듯하다. 그래서 그들에게는 스타라는 말 대신 '보석' 이라는 말이 더 잘 어울리는 것 같다. 보석의 속성을 가만 생각해 본다. 우선 그것은 귀하다. 그리고 빛난다. 변치 않는다. 강하고 아름답다. 그래서 보석은 우리가 그것을 갖게 되었을 때 우리에게 희열을 가져다준다. 나는 선수들의 고군분투, 불굴의 의지에서 강함을 보았다. 4강 그 신화에서 진귀함을 느꼈으며, 승리의 감격에서 아름다움과 희열을 만끽했다. 그러기에 당연히 그들은 우리에게 보석과 같은 존재들이다.

뿐만 아니라 월드컵 경기를 치렀던 우리들 모두도 이에 못지않다는 생각이 든다. 하루 종일 컴퓨터에 매달려 아들 녀석 축구 경기장에 보내주기 위해 입장권을 구하려고 애를 쓴 남편이나, 온통 붉은 빛 일색으로 멋진 응원에 힘을 더해 준 붉은 악마 모두에게 박수를 보낸다.

또한 몇 십만 원이나 주고 입장한 경기장에서 경기 관람에는 관심도 없이 죽어라 응원만 하다 온 아들애는 또 어떠한가. 그러한 열정들이 순간적이지만 보석과 같다는 생각이 들었다.

너에게 묻는다

날씨 따라 기분도 착 가라앉은 오후다. 지하철 안이 여유로워 우편함에서 꺼내 온 문예지를 펼친다. 반가운 이름들로 지면이 가득하다.

굴곡 있는 삶을 산 사람들이 좋은 글을 쓸 수밖에 없다는 말에 전적으로 동의하지만, 아직은 그런 삶이 두렵다. 세상사 무서운 것이 많아 사는 게 겁날 뿐이다.

남편의 중병을 통해 글로 거듭나는 문우의 글을 본다. 고난을 통하여 자족과 겸손을 배우는 사람이 있고, 그렇지 못한 사람이 있다. 그런 사람은 고난의 긍정적 의미를 배울 것이며, 그렇지 못한 사람은 단지 불행을 배울 뿐이다. 고통을 견디어 낼 만큼 강한 사람은 그 고통을 통하여 스스로 강인해져, 자신의 감정뿐 아니라 다른 사람 마음의 깊이까지도 헤아리게 되는 것 같다. 그녀의 뾰족하던 모서리가 각이 많이 닳았다.

또 다른 정겨운 이름과도 만난다. 가슴에 날아와 박히는 문장. '마땅히 사랑해야 할 사람에게 이런 저런 이유로 흠뻑 사랑을 주지 않는 것도 녹을 만들 수 있다. 조건 없는 사랑은 인생의 녹을 녹여주는 최고의 녹 제거제일 것이다…….'

며칠 전 집들이를 끝내고 남편과 다퉜다. 술 때문이었다. 남편이 술을 마시지 못하기 때문에 별로 힘들이지 않고도 술을 모을 수 있었다. 그런데 속없는 그는 내가 수년 간 모아 놓은 술들을 아무 양해도 없이 꺼내다가 호기 있게 손님들을 대접하는 것이다.

자기 마누라는 도와주기로 했던 친정엄마가 오지 못해 손님치를 준비로 몸살까지 났는데, 남의 기분은 아랑곳없이 오늘은 전작이라며 다음 주에 장모님이 차려주신 음식으로 제대로 된 초대를 하겠단다. 그러면서 아예 날까지 잡는 것이었다. 농담이려니 했던 그날이 바로 내일로 닥친 것이다. 본인 생각만 하는 남편이 야속하기 짝이 없다.

집들이 후 일주일을 남남처럼 지냈다. 평소에는 사근사근하던 남편도 이번에는 녹록하지가 않다. 나 또한 다시 손님을 치러야 한다는 강박관념에서 헤어 날 수가 없다. 어찌 보면 아주 사소한 일로 둘 다 소모전을 하고 있는 것이다. 내가 집에서 살림만 하고 있는 사람도 아닌데 왜 이렇게 내 입장은 배려해 주지 않는 것일까. 그 사실이 서운했다. 사실 그 일로 나도 마음이 불편하다.

그런데 방금 읽은 수필은 마땅히 사랑해야 할 사람들이 마음속에 증오를 쌓고 있음은 녹을 만드는 것이라고 했다. 내가 조금 괴롭고 힘들다는 이유로 남편과 나 사이에 흔적으로 남을 녹을 만들려 하는 것이다. '난로는 끝까지 난로다.' 라는 말이 있다. 그러나 인간은 끊임없이 변화하고 앞으로 나아가는 존재이기에 적어도 난로와는 달라야 한다는 생각이 든다.

누군가는 요즘 수필이 눈곱만큼의 잘못에 하늘땅만큼의 뉘우침이 태반이라고 하지만, 나는 오늘 이 수필들을 읽으며 마음속 후회를 하고 있다. 그러면서 내 자신을 이렇게 다잡는 것이다.

연탄재 함부로 발로 차지 마라
너는
누구에게 한 번이라도 뜨거운 사람이었느냐

시인 안도현의〈너에게 묻는다〉를 떠올리며 요즘 남편에게 한 번이라도 뜨거운 적이 있었던가 곰곰 생각에 잠겨본다.

내 새벽잠 드립니다

늦은 밤, 딸아이의 방을 정리하다 스프링이 달린 예쁜 공책 한 권을 보았다. 표지엔 여러 가지 색연필로 '아름다운 이야기' 라고 삐뚤삐뚤한 글씨로 제목까지 달아놓았다.

'상이야, 3학년이 되면 우리는 헤어질지도 몰라. 나는 너와 같은 반이 되고 싶어. 너는 나의 소중한 친구야. 1995년 12월 9일 토요일. 협이 씀.'

제 남자 친구에게서 받은 편지를 풀로 단단히 붙여 놓고, '나는 이 편지를 아주 아주 오래 보호하겠다.' 라고 딸애는 써 놓고 있었다. 이것은 많은 시간이 흐른 후 얼마나 아름다운 이야기가 될까. 불현듯 이 밤, 나도 딸애만큼 고운 얘기는 못 되겠지만 아름다운 이야기가 쓰고 싶어졌다.

'자르낙의 생 피에르 성당에서 영결 미사를 올릴 수는 있지만 추모 연설은 하지 말고, 찻빛 장미, 보라와 노란색 붓꽃 다발 두 개 이외에는 아무런 조화도 놓지 말라.' 이는 수명을 넘겨 살고 있다며, 추한 모습을 보이지 않으려 치료와 투약을 중단하고 죽음의 시간을 스스로 선택해 이승을 떠난 프랑수와 미테랑 프랑스 전(前) 대통령의 유언이다.

또한 성당과 묘지에 취재진을 입장시키지 말고 운구는 대통령 재임 시절 경호를 담당했던 헌병 6명에게 맡겨 달라 했다 한다. 떠나는 자의 모습을 아름답게 보여 준 거인다운 자세가 아니었나 싶다.

미테랑의 마지막이 아름다웠다면 평생을 아름답게 살다 간 분은 장기려(張起呂)박사이다. 자신은 허름한 방 한 칸에 기거하면서, 땅 한 평, 건물 한 채 남기지 않았다고 한다. 오로지 가난하고 소외 된 이웃의 건강과 복지만을 위해 살아왔다. 또 일생을 진실과 사랑으로 사회 활동을 해왔다고 자신의 생을 회고한 것을 보며 그 당당하면서도 숭고함에 머리가 숙여졌다.

일평생 남을 위해 봉사한다는 것이 아무나 할 수 있는 일인가. 이것이 장박사의 공적인 태도였다면 그의 개인사는 어떠했나.

잠깐이면 만날 수 있을 것이라는 생각에 아들 하나만 데리고 월남, 아내와 5남매를 북에 두고 왔다. 그것으로 가족과의 만남은 끝이었다. 그리고 끝내 재혼을 마다했다. 사랑하는 사람과 영원히 살기 위해 혼자 산다던 그가 88년 북에 살고 있는 부인의 사진을 손에 쥘 수 있었던 게 지상에서의 마지막 행복이라고 했다. 하느님이 짝지워 준 아내를 버리고 재혼 할 수 없다는 다짐을 수 없이 하면서, 그는 눈을 감을 때까지 북에 있는 가족과의 상봉을 기다렸다고 한다.

세상의 모든 것, 재산이나 명예, 심지어 가족까지도 이별한 채 불우한 이웃에게 사랑을 베풀기란 보통 사람에겐 상상도 할 수 없는 고행이다. 이기주의와 물질만능주의가 팽배해 있는 요즘 얼마나 많은 부부들이 이혼을 쉽게 생각하는가. 여기에 장 박사는 참사랑의 뜻을 새겨 주었으며 또 '나는 무엇 하고 있나.' '우리는 무엇을 할 수 있을까.' 라는 과제를 던져주고 떠났다.

내가 다니는 재래시장에 월요일만 되면 문을 닫는 야채 장사 아줌마가 있다. 남들이 한 주를 시작하는 월요일마다 가게 문이 닫히는 이유가 궁금하여 옆집 신발 가게 아저씨에게 물어보았다. 매주 월요일마다 병원에 봉사 활동을 하러 간다는 것이다.

순간, 그 아줌마의 허름했던 스웨터와 터진 손등이 떠올랐다. 갑자기 날카로운 칼 한 자루가 가슴에 꽂히는 것 같았다. 내 남편, 내 새끼가 아닌 타인을 위해서는 어떤 움직임도 허락하지 않는 내 손을 내려다보았다. 나는 무엇 하고 있나. 우리는 무엇을 할 수 있을까. 깊은 상념에 빠져들었다.

우리를 두렵게 만드는 건 악인일까, 선인일까. 착한 사람이 우리를 더 두렵게 만든다고 한다. 악한 사람은 욕하고 비판하면 그만이지만, 착한 사람은 관성처럼 가고 있는 삶에 브레이크를 걸기 때문에 움찔하게 되고 고통을 주기에. 이 야채 장사 아줌마가 나를 두렵게 만들었다. 난 타인과 나 사이에 곧은 줄을 그어 놓고 한 눈금까지 따지고 헤아리며 티격태격 해왔다. 그것이 결국 내가 딛고 선 땅도 송곳처럼 좁게 만들 뿐이라는 걸 전혀 깨닫지 못한 채.

'나 드릴 것 없어 내 새벽잠을 드립니다.' 라는 시구를 어느 재활원 입구에서 본 기억이 난다. 남에게 줄 만한 재물이나 다른 어떤 수단이 없어, 새벽잠의 일부를 남에게 주겠다는 가난한 시인의 마음속에는 자기도 남에게 무엇인가를 줄 수 있다는 여유로움으로 잔잔한 행복이 넘쳐나지 않았을까. 그 시는 내가 가진 것이 많은 사람임을 일깨워 주었고, 또한 그것을 베풀지 않음으로 해서 내가 얼마나 많은 행복들을 놓치고 있는가를 가르쳐 주었다.

이 세상에서 가장 아름다운 시간은 모든 것이 다 제자리에 있을 때라고 한다. 야채 장사 아줌마의 미담이 더 이상 아름다운 이야기일 수 없는 아름다운 세상이 되도록 나, 아니 내 새벽잠의 일부를 다른 이들에게 바치고 싶다.

희망의 사수

붉은 열매를 잔뜩 매단 나무의 잎이 곱다. 넋을 놓고 바라보고 있는데 핸드폰이 울렸다. 중학생 연이다. 국어 수행평가 제출 기한이 다 되었는데 너무 어렵다며 조금만 도와 달라고 한다. 시 3편을 분석하고 느낌을 적어 내는 것이란다. '이렇게 하면 어떨까' 몇 마디 해주었을 뿐인데 영리한 아이는 금방 알아듣고 "쌤, 싸랑해요." 하며 전화를 끊는다.

기뻐하는 연이의 목소리를 들으니 내가 그 아이에게 큰 도움이라도 준 것 같아 덩달아 내 마음까지 흐뭇해졌다. 문득 '역할' 이라는 단어가 떠올랐다. 언젠가 철학 강의 시간에 본인이 일상 듣는 호칭을 적어내라는 강사의 주문이 있었다. 엄마, 아내, 며느리, 딸, 시누이, 올케, 사모님, 선생님, 언니, 누나, 아줌마, 고모, 이모, 외숙모 등등 참으로 한 사람에게 이렇듯 많은 호칭이 부여되는구나 하는 생각이 들었다. 그러면서 호칭에 맞는 역할에 대해 한 가지씩 되짚어 본 적이 있다. 오늘 난 지금 이 시간 교사로서의 내 정체성을 확인해 보고 있는 것이다.

나를 만나 꿈이 작가로 바뀌었다는 연이를 보며 내가 맡은 역할에 대해 생각해 본다. 세상에 태어나 누군가의 멘토(mentor: 인생의 스승)로서 멘티(mentee:배우는 사람)의 삶을 좋은 쪽으로 바꾸어 놓을 수 있다면 이것이야말로 정말 멋진 일이 아닐까.

요즈음 국제 난민들을 위해 자신의 모든 것을 불사르고 있는, 오지 탐험가에서 긴급 구호팀장으로 변신한 '한비야'와 친선대사 '김혜자'가 쓴 책들을 열심히 읽었다. 하늘이시여, 당신은 왜 아프리카를 만들었냐고 절규하는 그녀들에게 그래서 내가 너희들도 만들지 않았느냐는 대답에 열심인 그들을 보며 혈연, 지연으로 얽힌 역할의 한계를 뛰어넘어 노블레스 오블리제를 잘 실행하는 사람들이라는 생각이 들었다.

어느 유행가 가사처럼 '먼 옛날 어느 별에서 내 다시 세상에 나올 때 사랑을 주고 오라는 작은 음성 하나 들었지.' 라는 말을 이 분들은 그 누구보다 충실히 실천하는 사람들이다.

어디 사람뿐인가. 난민 구호 팀에서 한정된 구호 자금 때문에 한 마을은 곡식의 씨앗을 배분하였지만 그 옆 마을은 주지 못했다고 한다. 안타깝게 비가 오지 않아 파종한 씨앗은 싹을 틔우지 못했다. 그러나 놀라운 것은 씨를 나누어 준 마을 사람들은 씨를 심어 놓았다는 사실 하나만으로도 수확기까지 한 명도 굶어 죽지 않았는데, 옆 마을은 아사자가 속출했다고 한다.

비가 오지 않는 똑같은 조건이었음에도 단지 씨앗을 뿌렸다는 사실 하나가 사람들의 마음속에서 희망의 싹을 틔운 것이다. 그 씨앗들은 비록 땅 속에서 말라죽었을지언정 많은 사람들을 살려 내 희망의 사수로서의 자기 역할을 충실히 수행해 낸 것이 아닐까.

이제 반백의 인생 고개를 향해 가고 있다. 이만하면 도끼를 갈 시간은 충분히 된 것 같은데, 아직도 팔목의 힘이 달린다고 엄살을 떨고 있다. 부디 내가 쪼개어 놓은 장작으로 많은 이들이 따뜻해 할 그런 멋진 역할을 잘 해내고 싶은 마음 간절하다.

많이 작고 부족한 존재이지만 마음의 문을 연다면 내가 해야 할 일들이 온 누리에 널려 있지 않겠는가. 나의 역할을 잘 해내기 위해 좀 더 많은 장작을 패야겠다. 그래서 나에게 마지막 순간이 오면 아주 튼실한 열매를 맺어 놓은 저 낙엽들처럼, 고운 빛으로 가볍게 내려앉기를 간절히 희구한다.

문리치

아는 이와 학창 시절의 여담을 나누던 중, 내가 수학을 아주 못했다는 이야기가 나왔다. 그 친구 역시 수학 시간이 공포 그 자체였다며 맞장구를 친다. 그런데 운 좋게 선생님을 잘 만나 그런대로 열심히 공부할 수 있었다고 했다. 그 선생님은 모르는 문제를 공책에 풀어주며 아주 친절히 가르쳐주었다고 한다. 그 '문00 선생님' 을 지금까지 잊을 수 없다고 했다.

아, 문00 선생님. 놀라웠다. 그 분은 나와 가까이 지내는 선배 수필 동인인 문 선생이 아닌가. 내가 얼마나 좋아하며 존경하는 분인가. 역시 선생은 제자들의 가슴에도 그렇게 환한 빛으로 오래 남아 있었다. 과연 그렇다. 선생은 내게도 아주 좋은 기억을 남겨주었으며, 또 지금도 변함없는 모습으로 내 곁에 계신 분이다.

몇 해 전 송년 모임이 끝나고 집으로 돌아오는 길에 서너 명의 문우들과 늦은 밤 종로 거리를 걸었다. 그런데 어디선가 느닷없이 나타난 청년이 우리 일행 중 가장 연로하신 N선생 곁에 바짝 따라 붙었다. 얼마 후에 오신 선생이 어이가 없다는 듯 웃는다. 청년이 목욕비를 달라고 해서 갖고 있는 돈을 다 털어 주고 왔다고 한다. 사지 육신이 멀쩡한 청년이 노인한테 구걸을 하다니 한심한 일이라며, 돈을 주신 선생께 무어라고 한 마디씩 했다. 그리고는 각자 하던 이야기에 빠져들었다.

그런데 가만히 보니 문 선생이 주머니에서 무언가를 꺼내 N선생 호주머니에 슬그머니 넣는 눈치다. 자부에게 용돈을 타 쓰는 N선생 처지를 잘 알고 있는 우리들이 아닌가. 유독 행동으로 보여주던 문 선생의 그 조용했던 자태가 아주 오랫동안 나의 뇌리에 남았다. 그 분을 뵐 때 마다 그날 밤 일이 생각 나 미소가 떠오른다.

우리 부부와 문 선생 내외가 서해안으로 여행을 떠난 적이 있다. 휴게실에서 커피를 마시고 나오다 주차장에서 선생 남편이 지갑을 주웠다. 순간 선생의 낯빛이 불안하게 변하더니 빨리 주인을 찾아 주어야 한다며 연락을 하라고 다그치신다. 잃어버린 사람 속이 얼마나 타겠냐며 일 분이라도 빨리 돌려주어야 한다는 것이다. 연락처를 찾으려 지갑을 여니 열어 보지도 만지지도 말란다. 아무튼 그 날 우리 세 사람은 마치 우리가 공모하여 소매치기라도 한 양 지갑 주인이 나타날 때까지 선생의 시달림(?)

을 받아야 했다.

선생님과 오랜 시간을 함께 하다 보니 아주 진하게 남는 느낌이 있다. 말 없고 조용한 분이지만 조금이라도 남에게 도움이 되는 일이라면 아주 적극적이 된다는 것이다. 그래서 나는 즐거운 일이 있을 때보다는, 힘들고 어려운 일이 생겼을 때 선생에게 의지한다. 친동기간에게 자존심 상할까 상의하지 못하는 일도 선생께는 홀가분하게 이야기할 수 있다. 그 분의 입은 고성능 자물쇠이다. 아무리 잘 맞는 열쇠로 열려고 해도 도무지 열리지 않는다는 것을 잘 알고 있기에 어떤 이야기라도 마음 편히 털어놓을 수가 있다.

지난 겨울방학, 캐나다로 어학연수를 다녀 온 아들애가 학교 수업 방식이 영어 공부에 도움이 되지 않는다고 고민을 하기에, 푸념 삼아 선생께 하소연을 했다. 상담을 해주시기 위해 먼 거리도 마다하지 않고 달려 온 선생이 아들애와 학교생활, 친구 관계 등 몇 시간을 이야기하고 돌아간 후, 그 분의 성함을 익히 알고 있던 녀석이 대뜸 선생님께 '문 리치 선생님' 이라고 한다. 문 리치가 뭐냐고 물으니 '부자' 가 영어로 리치(rich)지 뭐냐고 해서 한 바탕 웃었다. 녀석이 한결 부드러워진 걸 보니 선생님의 따뜻하고 넉넉한 성품이 금방 옮겨갔나 보다. 그런데 그 순간 '문' 하고 소리를 내어 보니 '달(moon)' , '달빛' 이 떠올랐다. 그래 선생은 moon rich다. 풍성한 달빛이다.

선생은 이토록 제자, 학생들 뿐 아니라 우리 동인들도 푸근히 감싸주는 달빛이다. 이십대인 듯 곱고 상냥한 목소리, 또 노래방에서 분위기를 돋우기 위해 호탕하게 불러 넘기는 선생의 '서울구경' 은 선생님만이 갖고 있는 또 하나의 야누스적인 매력이다.

문 리치 선생님. 어둔 밤, 길 잃은 나그네의 길잡이가 되어 주는 넉넉한 달빛이여, 은은한 달빛이여.

수도승이 술집에 들어가면

사춘기에 접어든 아이들 때문에 걱정이 많다. 다소곳하고 고분고분하던 녀석들이 어느 날 부터인가 낯꽃이 하얘져가지고 조목조목 따지고 든다. 딱히 그런 이유 때문만은 아니지만 자주 이런 저런 강의를 들으러 다닌다.

며칠 전 교육 심리학 시간에 눈이 번쩍 뜨이는 강의를 들었다. 대학 시절 교직을 이수하기 위해 교육 심리, 발달 심리 과목을 열심히 들었지만 그 당시엔 듣도 보도 못한 내용이라 더 흥미로웠는지 모르겠다.

예를 들면 대화 진전에 장애 요인이 되는 의사소통의 걸림돌이 12가지나 되는데 그 중에 칭찬, 동의, 동정, 위로까지도 걸림돌 장애가 된다는 것이다. 아이가 미술 숙제가 유난히 안 돼 짜증을 낼 때 "잘 그렸는데 왜 그러니?" 하고 위로를 하면, 아이는 자기가 잘 못 그렸다는 생각에 깊이 빠져 있을 수 있기 때문에 그 말이 빈정거림으로 들릴 수도 있다는 것이다. 그럴 땐 백 마디 말보다 머리를 한 번 쓰다듬어 주는 스킨쉽이 훨씬 효과적이라는 것이다.

그리고 의사 전달법에 '나 전달법(I message)' 과 '너 전달법(You message)이 있는데 몇 해 전 일어 난 공중전화 부스에서의 살인 사건은 당사자 간에 오간 자세한 대화 내용은 알 수 없지만, 혹시 피해자가 '저 혼자 쓰는 전환가.' 아니면 '아예 전세를 냈구먼.' 식의 너 전달법을 썼기 때문이 아닐까 하는 추론을 해 볼 수도 있다는 것이다. '내가 지금 몹시 바쁜데 좀 양보해 줄 수 없겠느냐.' 는 나 전달법을 썼다면 그 끔찍한 사고를 방지할 수도 있지 않았을까하는 안타까운 생각이 든다고 했다.

나 전달법을 모르기는 나 역시 마찬가지다. 내 볼일로 외출을 해서는 엄마가 집에 들어갈 때까지 숙제를 해 놓지 않으면 혼날 줄 알라는 식의 명령, 경고의 걸림돌 장애만 써왔다. 이제부터라도 숙제를 해 놓지 않으면 내일 학교 가는데 지장을 줄까봐 걱정이 많이 된다는 식의 나 전달법으로 아이들과 눈높이를 맞추어야겠다.

또 아이들이 놀다 다쳐서 들어오면 우리는 곧잘 2차적 감정인 분노를 먼저 나타낸다고 한다. 제일 먼저 느껴지는 감정은 두려움인데 우리는 '네가 다쳐서 들어오니 겁이 나고 걱정이 많이 된다.' 라고 하기 보다는 '조심성이 없으니까 그렇지.' 하며 곧바로 분노의 감정을 나타내서 자녀들과의 관계가 점점 멀어진다는 것이다. 그러나 마음을 올곧게 먹고 노력을 해보아도 그게 그리 쉽게 되지가 않는다. 마치 내게 수도승의 배역이 맡겨진 듯하다.

수도승 하니 오늘 오전 수강했던 아동문학의 이해 시간이 생각난다. 강의를 하신 선생님은 우리 국어 교육의 많은 문제점들이 일제하에서 획일적 교육을 받은 사범 대학 출신 교사들에게서 비롯된다고 하셨다. 그러자 얼마 전까지 교직에 있었다던 한 분이 본인 말로도 외람되다 했지만, 정말 송구스러울 정도로 교사 측을 옹호하며 나섰다. 강의 자체가 현실을 무시한 2, 30년 전 상황을 말하는 것이라며 강하게 반박을 했다.

시간이 지체되며 분위기가 묘해졌다. 선생의 행동 하나 하나가 우리들 촉수에 감지되었다. 그러나 선생의 반응은 의외였다. 획일적 교육의 모순점을 역설하던, 어떻게 보면 카리스마가 넘치는 모습까지도 보이던 그 분은 풋내 나는 항변에 원로답게 자신의 소신을 명쾌하게 피력하셨다. 그러면서 이런 자유스런 분위기가 사회 전반에 확산되어야 한다고 했다. 순간 경직되었던 기운이 풀어지며 실내에는 온화한 기류가 흐르기 시작했다.

수도승이 술집에 들어가면 그 술집은 수도장이 되며, 주정뱅이가 수도장에 들어가면 그 수도장은 술집이 된다는 말이 있다.

그때 내가 언뜻 선생에게서 수도승의 모습을 보았다면 지나친 역설일까. 그 전직 교사가 주정뱅이 아니었고, 강의실이 정녕 술집이 아니었을진대 왜 그 말이 떠올랐는지 모르겠다.

난 언제쯤 소소(騷騷)한 술집을 적연(寂然)한 수도장으로 만들 수 있는 그런 지혜와 넉넉함을 갖게 될까. 내 자신 열심히 갈고 닦아 볼 일이다.

제4부

그는 내 손을 잡으셨다

22. 그럼에도 불구하고
23. 아버님 가신 지 여든일곱 날
24. 나비와 사공
25. 내가 누리는 자유
26. 충격요법
27. 진주와 위스키
28. 제비 알
29. 희망

그럼에도 불구하고

딸아이가 토라졌다. 슬그머니 제 방으로 들어가더니 끼니때가 되었는데도 나올 생각을 않는다. 왜 화가 났느냐고 물으니 이번 시험 때 많이 아파 양호실에 누워서까지 시험을 보아 성적을 올렸는데도, 오빠보다 성적이 안 나왔다는 이유로 저에게 공부도 못 하는 것이라고 내가 놀렸다는 것이다.

도무지 기억나지 않는 일이지만, 자식이 공부를 잘하면 기쁜 건 사실이다. 그런데 아무리 그렇다 해도 또 오빠와 비교를 해서 아이에게 상처를 주었으니 난 어쩔 수 없이 많이 부족한 엄마인가 보다.

오늘 학교에서 카프카의 '변신' 에 대해 수업을 했다. 회사의 사원이자 한 가족의 가장이던 사회 구성원들이 직장을 잃은 후 사회적 관계들을 상실 한 채 노숙자로 변신한다. 그들은 자신의 직장과 가족에게 있어 없느니만 못한 존재, 그 존재 자체를 부정하고 싶은 인간들이 되는 것이다. 그레고르 잠자는 더 이상 이 사회에 노동력을 제공 할 수 없는 한 마리 벌레로 변신했을 때 가족에게까지 소외당하는 비참한 최후를 맞은 것이다. 오빠보다 공부를 못한다고 딸아이에게 상처를 준 내가 '인간 소외' 란 주제로 아이들 앞에서 수업을 끝냈다.

노후에 아이들 여의고 경치 좋은 곳에서 글이나 쓰면서 부부가 오순도순 살자고 아파트 한 채를 분양 받았다. 아침에는 일출을 볼 수 있고, 안방 침대에 걸터앉으면 호수가 한 눈에 들어오는 곳이다. 그 무렵 오래 갖고 있던 아파트가 팔렸다. 때맞추어 남편 회사에서 퇴직금 중간 정산분이 나왔다. 여유 돈이 생겼다며 남편이 주식에 손을 대기 시작하더니 몇 개월 새에 직장인이 평생 벌어도 못 모을 돈을 다 쏟아 부었다. 할 수 없이 새로 분양 받은 아파트를 팔려고 내 놓으니 좀 큰 평수라 그런지 전세도, 팔리지도 않는다. 어쩔 수 없이 이사를 할 수밖에 없었다.

친구들과 헤어지기 싫다며 아이들은 전학하기를 반대했다. 몸이 약한 딸애가 한 시간 이상이나 걸리는 통학 길에 피로가 겹쳐 병이 난 것이다. 시험 전날 늦게까지 공부를 하더니 그예 시험 당일 목이 잔뜩 부어 양호실 신세를 지게 된 것이다.

아빠 잘못 만나 이 고생이라며 제 아빠를 향해 원망의 말을 쏟아 붓자, 집이 가까운 아이들도 시험 때는 아픈 애들이 더러 있어 양호실에서 시험을 보기도 한다며 오히려 나를 달랜다. 그렇게 해서 며칠을 본 시험이다. 그런 아이에게 오빠와 비교하여 공부를 못한다고 몰아붙였으니 딸애의 기분이 어떠했을까. 벌레로 변한 아들의 모습이 보기 싫다며 사과를 집어 던져 끝내 죽음으로 내몰은 잠자의 아버지와 다를 게 뭔가.

주식으로 재산을 날렸다고 남편에게 퍼부었던 온갖 독설들을 가만히 되짚어 보니 참으로 내가 부린 언어의 횡포가 대단하다. 만일 지옥이 존재한다면 그것은 곧 타인이라는 말처럼 남편과 아이들은 내게서 얼마나 많은 지옥을 보았을까.

어떤 대상에 대해 그것을 소유 양식으로 경험한다는 것은 그 대상을 구속, 감금하고 지배하는 것을 의미한다. 때문에 배우자나 자녀를 그의 소유물로 파악한다면, 그것은 생명을 주는 것이 아니라 압박하고 약화시키며 질식시켜 죽이는 행위라고 에릭 프롬은 말했다. 따라서 소유 양식으로 삶을 경험하는 사람들이 사랑이라고 부르는 것은 대개 그들이 사랑하고 있지 않다는 사실을 숨기기 위한 말의 오용이라는 것이다. 얼마나 많은 어버이가 자식을 사랑하고 있는지는 여전히 완전 미해결의 문제라고 했다.

가정은 안식처다. 가정이란 본질적으로 그 구성원의 '있음'에 관심을 둘 뿐 '그 무엇 됨' 에 관심을 두는 곳이 아니다. 인간의 존엄과 가치는 그가 인간이라는 것에서 비롯되는 것이지 그가 성취한 것에 기인하는 것이 아니기 때문이다. 그런데 이 사실을 깨닫기가 왜 그렇게 힘이 드는지. 온 재산을 탕진했다 해도 또 설령 공부를 좀 못한다 해도, 그럼에도 불구하고 그들은 내 남편 내 아이들이다. 내가 이렇듯 부족함이 많음에도 그들은 나를 좋은 아내, 좋은 엄마라고 하지 않는가.

나처럼 소유 양식으로 세상을 사는 사람들을 치료할 처방전은 바로 자족임을 깨닫는다. 하루에 열두 번도 더 깨닫는다. 깨달음과 동시 망각이 병이다.

아버님 가신 지 여든일곱 날

나의 시아버님 사십구일재에는 함박눈이 내렸다. 오래 전에 형제들이 어머님, 아버님 두 분의 유택(幽宅)을 마련해 놓았건만 아버님은 끝내 화장을 고집하셨다. 유교 사상에 깊이 젖어있던 분이라 아버님 입에서 화장이란 말이 나왔다는 것이 도무지 믿어지지 않았다. 장남이 아니면서도 4대 봉사를 해오셨고, 일 년 중 몇 달을 조상들 산소 돌보는 일에 매달렸던 분이 정작 당신은 한 줌 재가 되고자 했다.

돌아가시는 순간까지 절대 자식들에게 짐이 되어서는 안 되며, 마지막 순간에 깨끗이 편안히 가고 싶다고 입버릇처럼 말씀하셨다. 한평생 욕심 없이, 그리고 남에게 모진 짓 하지 않고 살면 그렇게 아버님처럼 자신의 뜻을 이룰 수 있는 것인가. 팔십에 심근경색으로 응급실에 들어가신 지 2시간 만에 운명하셨다. 당신의 수명이 조금이라도 연장되는 어떠한 조치도 마다하신 채.

아버님이 돌아가셨다고는 하나 조금만 기다리면 훌훌 털고 일어날 것 같았다. 뉴질랜드의 막내 시누이에게 아버님의 운명을 알리는 큰 시누이가 이해되지 않았고, 경솔해 보이기까지 했다. 조금 후면 모든 것이 다 제자리로 되돌아 올 것만 같았다.

아버님과 내가 공유했던 사소한 개인사는 나만의 아름다운 추억으로, 또 비밀로 남기고 싶다. 어느 시아버지와 며느리인들 그들만이 간직할 아름다운 사연 한 둘 없을까마는 이 세상에서 내가 '아버님' 이라고 부를 수 있었던 단 한 분, 그 분은 참으로 욕심이 없는 분이었다. 내가 첫아이를 가져 입덧이 심해 아무것도 먹지 못하고 누워 있는데 갑자기 오셔서 무언가 누런 봉투를 툭 던지고 가셨다. 어지럼증을 누르며 베란다 난간을 붙잡고 아래를 내려다보니 노인은 위태위태하게 자전거를 타고 아파트 어귀를 벗어나고 계셨다. 봉투를 여니 고무줄로 꽁꽁 묶은 만 원짜리, 오천 원짜리 다발이 나왔다. 그것을 보는 순간 눈물이 핑 돌았다.

염을 하기 위해 마지막으로 아버님 모습을 뵈었을 때 난 어느 누구에게서도 그렇게 깨끗하고 고운 모습을 본 적이 없다. 염을 하신 분이 20년 동안 이 일을 하면서 이렇게 편안한 모습으로 가신 분도 보기 드물다고 했다. 아버님은 떠나고 난 뒤에도 내게 죽음이란 결코 두렵고 무서운 것이 아님을 보여 주신 것이다. 절대 이승에서의 생에 집착하지 말라고, 그 집착이 욕심을 부르고 그 욕심이 나를 추하게 만들 것이라고 말씀하시는 것 같았다. 그래 죽음이란 누구에게나 어김없이 찾아오는 것. 어차피 그런 것이라면 아버님처럼 고운 모습으로 가고 싶다.

흔히 죽음에 임해서야 우리가 한평생을 어떻게 살아왔는지 알 수 있다고들 한다. 아버님 젊었을 때 집안일을 보던 영순이 아줌마가 멀리서 찾아 와 서럽게 우는 것을 보며 난 아버님의 따사로운 성품을 다시 한 번 느낄 수 있었다. 아버님은 생전에 당신이 자신을 위해서 돈을 써본 것은 담배를 사서 피운 것밖에 없었노라고 하시는 말씀을 들은 적이 있다. 하긴 이 글을 쓰면서 눈길이 머문 곳의 책상이며, 의자며 책꽂이며, 평소 아버님이 아이들에게 사준 선물들로 집안이 가득하다. 그렇게 아버님은 본인 자신에게는 검소했으면서도 남에게는 절대로 넉넉한 인심을 잃지 않았던 분이셨다.

오늘 아버님 가신 지 여든일곱 날. 흰 눈을 맞으며 행복하게 이 세상을 떠난 아버님처럼 두려움 없이 죽음을 맞이할 수 있을까. 다시 한 번 아름다운 죽음에 대해 생각 해 본다.

나비와 사공

한국에서 태어나 영어를 배우느라 고생이 막심하다는 아이들과 3박 4일의 필리핀 여행길에 올랐다. 아이들은 필리핀에서 내내 영어가 통용되는 것을 보고 영어의 필요성을 몸으로 절감하는 것 같았다. 그러면서도 영어를 배우기 위해 우리가 쏟고 있는 노력과 시간이 너무 아깝다고 억울해 했다.

우리의 90년대와 60년대가 공존하는 필리핀을 보며 두 아이는 많은 생각을 하는 것 같았다. 특급 호텔에서 조금 떨어진 철길 가에 다닥다닥 붙은 판자촌에서 한 방에 열 댓 명이 먹고 자며 생활한다는 사실에 충격을 받은 듯 했다. 아들애는 나름대로 그들이 그렇게 살 수밖에 없는 이유를 분석, 평가까지 했다. 가이드에게 이것, 저것 주워들은 말로 그들이 애옥한 삶을 개척하려고 노력하기보다는 모든 것을 그저 다 팔자 소관으로 받아들이는 운명론이 그들을 그렇게 살도록 만들어 놓았다는 것이다. 떠남은 무엇이든지 이곳으로 돌아오기 위한 우회 도로라는 말처럼 아이들은 제법 이번 여행에서 자기 자신을 돌아보는 듯한 태도를 보여주었다.

폭포를 역류해 올라가는 '팍상한 폭포' 에는 수백 명의 사공들이 있다. 카누를 타기 전 그들에게 별도의 돈을 주지 말라고 가이드가 당부를 했다. 자꾸 돈을 주면 습관이 되어 또 다른 것을 기대하게 만든다는 것이다. 우리가 그들에게 지불한 수고비는 1인당 8달러. 미리 가이드에게 지불한 것이 화근이었다.

내 팔뚝보다도 가는 다리로 땀을 뻘뻘 흘리며 기침을 연신 해대는 그들이 안쓰러워, 딸애와 나는 어떻게 하면 몸피를 줄여볼 수 있을까 안간힘을 다 썼다. 너무 미안해 당신들 관리자에게 수고비를 지불했으니 나중에 꼭 받으라고 하자 알았다며 그저 웃는다. 혹시나 해서 이렇게 배를 한 번 끌고 올라갔다 오면 얼마를 받느냐고 물어보았다. 'two dollar' 라며 손가락 두 개를 펴 보인다. 기가 막혔다.

한 계급의 사치는 다른 계급의 궁핍에 의해 균형을 이룬다고 하지만, 한국인 가이드와 그들 관리자의 치부에 이렇게 힘없는 사람들의 노동력이 착취당한다고 생각하니 기분이 씁쓸했다.

한국인 가이드는 사공들에 비해 기가 막힐 정도로 영양 상태가 좋아 얼굴에 기름이 번지르르했다. 그는 우리나라 돈 8만원이면 필리핀 가정부 둘을 고용하는데 자기가 하품을 하면 얼른 달려와 입을 닫아 줄 정도라며 자랑을 늘어놓는다.

물론 치기 어린 농담이겠으나 그 말에서 우리에게 행했던 일본인들의 간악성을 보았다면 지나친 비약일까. 어쩌면 필리핀에 유난히 일본인들의 잔악상이 잘 드러나는 U.N cemetery(유엔기념관)나 산티아고 요새 같은 전쟁 유적지가 많았기 때문에 떠오른 생각이었는지도 모르겠다.

폭포에서 내려오는 길에 더 이상 그대로 있을 수 없어 사공 손에 슬그머니 10달러를 쥐어 주었다. 연신 "땡큐, 마담"이라며, 이런 팁이 없어도 매일 일만 할 수 있으면 좋겠다고 여러 번 인사를 한다. 한 번 카누를 운행하면 닷새 후에나 자기 차례가 돌아온다는 것이다. 그러니 감히 따져 묻는 행위는 곧 해고로 이어질 것이다. 뒷 배에 타고 있는 사람이 나를 보았나보다. 그렇게 해 놓으면 다른 관광객들이 곤란을 겪게 될까 봐 자기는 꾹 참았다고 했다. 글쎄 그이 말대로 내가 몰래 준 10달러가 그 사공을 잘못 길들이는 것인지도 모르겠다.

그리스 작가 '니코스 카잔차키스'는 나비의 빠른 부화를 돕고자 고치에 입김을 불어 넣었다. 고치 속의 나비는 빠져 나오자마자 죽고 말았다. 그 순간 자연의 법칙을 거스르는 행위가 얼마나 무서운 죄악인가를 그는 절실히 깨달았다.

자연은 들어가고 나올 때를 스스로 알기 때문이리라. 그가 비록 나비를 죽게는 했지만 자연의 일부이고자 했던 카잔차키스는 얼마나 생을 사랑한 사람이었나.

인위적인 온기가 이따금 독기가 되어 자생력을 흔드는 근원임을 내 어찌 모르랴. 그러나 자책하지 않으련다. 비록 한 마리의 나비를 죽게 했을지언정 카잔차키스의 행동이 사랑임을 나는 안다. 우리들 생애의 저녁에 이르면 우리가 얼마나 사랑했느냐를 놓고 재판받을 것이라고 까뮈는 말했다.

억지라도 좋다. 작은 온기에 힘입고, 또 따뜻한 태양 빛 아래서 천천히 날개를 펴 그 사공이 튼실한 나비가 되기를 바랄 뿐이다. 내 보기에 사공은 나비의 삶을 살아볼 것 같지가 않다. 그렇더라도 부디 애벌레의 삶을 마감하고 나비가 되어 하늘을 한 번 훨훨 날게 되기를 마음 모아 빌어본다.

내가 누리는 자유

3·1절 아침, 관악산에 올랐다. 오랜만에 나선 걸음이라 연주암에 반도 이르지 못했는데 벌써 다리가 후들거린다. 따라 나선 딸아이도 버거운지 약수터에서 기다리고 있을 테니 조금만 더 올라갔다가 내려오란다. 앞서 올라간 남편을 만나면 같이 내려오리라는 마음으로 계속 올랐다.

되돌아 내려오던 그가 부실한 내 다리로는 어림도 없다며 그쯤하고 집으로 가잔다. 옆에 있던 학생들도 장난 아니라며 그를 거든다. 그 소리를 들으니 오기가 생긴다. 오늘 아니면 다시 연주암에 오를 수 없을 거라는 생각이 들었다. 그래서 기다리고 있는 딸아이 생각은 하지도 않고 산 위를 향해 걸었다.

겨우 도착을 하니 기다리고 있던 아들애가 배가 고파 죽겠단다. 원래 절에서는 점심을 무료로 제공했는데, I.M.F 때문에 천 원씩을 받는다는 안내문이 식당 문 앞에 붙어있었다. 나는 빈 몸으로 나선 처지고 남편은 벌써 반은 내려갔을 것이다. 아빠가 지갑을 가지고 있으니 서둘러 내려가 밥을 먹자며 아이 등을 미는데, 마침 식당 앞에서 우리 모자간에 오가는 이야기를 들은 스님이 공양을 하고 가란다. 얼떨결에 따라 들어가 나는 배가 고프지 않다고 핑계를 대고, 아이만 먹게 했다. 돈을 내지 않고 먹는 밥이 편치 않았던지 아들애도 먹는 둥 마는 둥 했다. 나는 스님께 여러 번 고맙다고 합장배례하고 서둘러 내려왔다.

슬슬 딸아이가 걱정되기 시작했다. 워낙 융통성 없는 아이라 어쩌면 아직까지도 그 곳에 그냥 있을지 모른다는 생각 때문이었다. 조금만 앉아 있어도 꽤나 추울 텐데. 밥까지 먹느라 시간이 많이 흘렀다. 그러면서 저도 이제 중학생인데 설마 아빠를 따라 내려갔던지, 아니면 엄마를 찾아 올라오든지 했겠지 하는 생각으로 마음을 추슬렀다. 아닌 게 아니라 약수터에 딸애는 없었다.

또 분명 며칠 앓아눕겠구나, 애는 어디 있을까. 이 생각 저 생각 하며 산을 내려오는데 "난, 계단이 정말 싫어. 산에 있는 계단은 더해. 내려올 땐 특히. 내 보폭의 자유를 제한하거든." 누가 이런 쌔한(싸하다-혀나 목구멍에 아리는 듯한 느낌이 있다-의 경상도 방언)말을 하는가. 급한 마음에 뒤를 돌아보니 젊은 아가씨도 아닌 내 또래의 부인이 그녀의 남편에게 하는 말이다.

그때부터 내 머릿속에 '자유'라는 단어가 들어앉았다. 다리 후들거리는 산행에서 자유라는 말머리 하나가 주어졌다. 그러면서 얼마 전 자유를 주제로 토론을 했던 생각까지 떠올랐다.

매주 갖는 월요일 아침 모임. 난해하기로 소문난 철학자 30인과 친해지는 시간. 그 날은 사르트르 편이었다. 갑자기 강사가 "홧 이즈 자유?" 한다. 우리들은 그와 눈이 마주칠까 슬그머니 고개를 숙이고, 그 중 미혼이라 우리가 신선하다고 놀리는 J가 '자기를 억압하는 것이 무엇인지를 아는 것.' 이라고 답한다. 좋은 대답이라며, 억압하는 것의 정체를 알아 그것을 마음대로 조절하고 통제하는 것이 고전철학에서 말하는 자유의 의미라고 강사가 마무리를 짓는다.

나를 억압하는 것을 인식하는 것. 그것의 정체를 밝혀 조절하고 통제하는 것, 그것을 자유라고 했다. 그렇다면 스님은 돈이라는 것에서 자유로울 수 있었기에 우리에게 점심을 줄 수 있었고, 딸애는 반드시 그 자리에서 엄마를 만나야 한다는 갇힌 사고에서 자유로울 수 있었기에 지금쯤 따뜻한 곳 어딘가에서 우리를 기다리고 있을 것이다.

밖이 내다보이는 식당 유리벽에 바짝 기대 앉아 남편과 딸애는 우리를 기다리고 있었다. 아들아이가 공짜 점심 얻어먹은 이야기를 제 아빠에게 들려주며 다음 일요일에 절에 올라가 스님께 점심 값을 드리겠단다. 녀석의 생각은 스님에 대한 고마움의

표시이겠으나, 따지고 보면 점심 값 천 원이 아들애를 구속하고 있고 녀석은 그것에서 자유로워지기 위해 다시 절에 가려는 것인지도 모른다는 생각에 슬며시 웃음이 나왔다.

집에 도착하니 손가락 하나 까닥할 기운도 없고, 한 발짝도 움직일 수가 없다. 아이들이 T.V를 켠다. 오늘이 3·1절이라 독립 기념관이 소개되면서, 우리 애국선열들이 일본 경찰에게 고문당하던 장면들이 소개되고 있다. 그 중 가장 고통스러워 보이는 것이 사과 궤짝만한 나무 상자 속에 사람을 가두고, 죽을 때까지 빛 한 줄기 보지 못하게 하는 것이었다.

자연 신체 어느 한 부분도 움직일 수 없으며, 결국은 고통 속에서 굶어 죽게 되는 것이다. 참 잔혹한 사람들이다. 피범벅으로 얼룩진 우리 애국지사의 고통스러워하는 모습, 비록 밀랍으로 만들어진 인형이라지만 차마 그 화면을 바로 볼 수가 없다.

그런데 문득 이런 생각이 들었다. 육신은 비록 억압에 저리 고통스러울지언정 그 의식만은 무척이나 자유스럽지 않았을까 하는…… 의식을 자유롭게 할 수 있는 그 힘이 저리 힘든 고통도 견뎌낼 수 있게 해 주는 게 아닌가하는…….

아무 생각 없이 누리고 있는 '자유' 라는 단어에 참으로 많은 것이 담겨있다는 말이 오늘 산행으로 해서 새롭게 와 닿는다.

충격요법

밤이 새도록 마음 앓이를 했다. 벽에 걸린 뻐꾸기시계는 밤새 제 임무를 충실히 수행하고 있었다. 고스란히 뜬눈으로 아침이 왔고, 조반이며 남편의 출근 준비, 아이들 둘은 무얼 챙겨 주었고, 또 무얼 입혀 보냈는지 그 마저 기억이 흐릿하다.

어제 일이다. 강의 도중 내게 던진 지도 교수님의 짧은 한 마디. '쓰는 글마다 맹물에 조갯돌 삶은 맛.' 이라는 그 한 마디가 밤새껏 뇌리 속에 되울려와 내내 휘몰이로 숨이 가빴다. 마치 뜨거운 불을 뒤집어 쓴 것도 같다가, 금세 또 솜이불을 뒤집어써야 할 것 같은 한기가 몰려왔다. 전에 없이 남편의 코고는 소리가 더욱 더 날 외롭게 했다. 멀고 먼 무인도에 혼자 떠 있는 기분이었다. 서러운 단절감에 온 몸을 떨어야 했다.

사람의 목소리가 듣고 싶었지만 사람 사는 곳이 너무 먼 것 같아 그 때부터 난 소릴 죽여 울었다. 이성과 감성은 밤새 사투를 벌였고, 여명에 감성은 슬며시 자리를 비켜섰다. 몇 시나 되었을까?

나도 모르게 C선배에게 전화를 걸었다. 선배의 음성이 들리자, 밤새 갇혀 있던 설움은 둑을 넘고 말았다. 죽을 것만 같다, 마음이 너무 아프다, 정말 힘이 든다며 두서없이 내 심신의 격정을 모조리 쏟아냈다. 철없는 아이마냥 소리 내어 마음 놓고 울었다.

C선배는 울지 말라는 말은 한 마디도 하지 않았다. 그냥 한없이 울라며 기다려 주었다. 되도록 섧게, 가능한 한 많이 울어야 많이 평화로워지는 법이라고만 했다. 살면서 간혹 뜨겁게 울 수 있는 건 축복이라고 했다.

그것 뿐 이었고 전화는 끊기었다. 미동도 없이 그대로 앉은 자리에서 시간이 흘러갔다. 누구였을까? 그 사이 누가 유리창을 말갛게 닦아 놓았을까? 눈에 보이는 사물들이 선명했다. 아니다. 눈에 보이는 사물이 아니라, 내 머릿속이 맑아지고 개운한 것이었다. 실컷 울어야 한다는 C선배의 배려가 이것이었던 것을 왜 진작 몰랐을까?

교수님은 그 말씀 후 내 손을 잡으셨다. 그때 왜 나는 교수님의 모진 그 한마디가 글 쓰는 일을 개머루 먹듯 하는 내게, 얕은 내도 깊게 건너게 하기 위한 자극이었다는 걸 몰랐을까? 그건 내가 모든 사물을 직선적으로만 보기 때문은 아닐까?

십 년 전, 어느 날 밤도 난 남편의 사랑을 읽지 못한 적이 있었다. 신혼 초, 우리 부부가 무릎 꿇고 시어머님께 빌어야 할 일이 생겼다. 손위 형님네가 이사하는 걸 잊었었다. 형제간의 우애에 금이 갈까 심하게 나무라시는 어머님 앞에서, 남편은 한술 더 떠서 나를 몰아세웠다. 있는 흉, 없는 흉을 다 드러내는 것이었다. 이런 남자를 내가 믿고 살았나? 황당하고 억울했지만 곧 이어 이상한 일이 벌어졌다. 끝도 없이 쏟아지던 어머님의 나무람이 기세를 접고 사그라지는 것이었다. 당신 아들을 향해 지 각시 보듬지도 못하는 놈이 무슨 사내냐고 하시며 일어서 나가는 것이었다.

시어머님에 대한 섭섭함보다는 남편에 대한 분노가 더 컸다. 어머님이 건넌방으로 들어가시는 문소리와 거의 동시에 등신, 바보, 천치라고 쏴 부쳤다. 그러나 남편은 히죽히죽 웃고 있었다. 전혀 화내는 기색도 없이 나에게로 다가와서는 어깨에 손을 얹으며 다독이는 게 아닌가. 바보는 나라며 자기가 더 세게 밀어붙여야 어머니가 물러설 게 아니냐고 했다.

폭포처럼 쏟아지는 꾸지람을 가로막기 위해 일부러 없는 허물을 덧 쏟아 놓았다는, 이른바 선의의 충격요법이었다. 그런 것도 눈치 채지 못했던 나다. 사실 그랬다. 그때도 나는 손등만 보지 말고 손바닥도 보았어야 했다. 매사에 성급하고 직선적인 나였다.

결혼하기 전, 맏딸로 자라면서 크게 야단맞아 본 기억 없고, 군인 출신 아버지 덕에 몸에 밴 절제된 태도로 학교에서는 모범생이었다. 또한 사회생활도 죽은 낙지 철사로 꿰듯 큰 어려움이 없었다. 그래서 이런저런 사람들 모여 사는 속에서 유독 난, 남들보다 상처를 많이 받는다. 남들 다 삭이는 예사로운 언어도, 내게는 피멍이 되어 나를 잠 못들 게 할 때가 많다. 눈썹만 뽑아도 고꾸라진다는 말이 무색할 정도다.

어쩌면 매사를 그렇게 직선적으로만 보는 성격적 결함을 극복하고자 나의 글쓰기는 시작 되었는지도 모르겠다. 글을 쓴다는 것은, 내게 있어서 여가 선용이 아니다. 교양 쌓기도 아니요, 더군다나 유한마담의 보석과 같은 정신적 사치는 더욱 더 아니다. 오직 자기완성을 위한 부단한 나와의 싸움인 것이다.

그런데 교수님께서 던진 짧은 그 한 마디는 내가 내 완성의 길로 잡고 있는 글 쓰는 일을 그만두고 싶다는 생각까지 갖게 했다. 그러나 지금 주저앉는다면 오래 전 어느 날처럼 또 내 자신을 자학할 것이 아닌가. 나를 단념할 것이 아닌가. 서둘지 말자. 쉽게 포기하지도 말자.

그래, 조갯돌을 삶고 또 삶아보자. 그 조갯돌이 어느 바닷가 깊은 곳에 있던 것이었다면, 하다못해 해초 냄새라도 우러나지 않겠는가. 겉만 핥지 말고 그렇게 본질의 정체가 나타날 때까지 깊게 파들어 가다보면, 언젠간 지금과는 다른 내 모습과 마주 설 날이 있을 것이다. 분노는 희망이다. 좌절했던 바로 그 자리에 곡괭이를 깊이 박고 제법 쓸 만한 나를 채굴해 내리라 맘을 다져먹는다.

진주와 위스키

테니스를 배우기로 했다.

어떤 일을 시작하면 의욕만 앞섰지, 무엇 하나 제대로 끝을 내지 못하는 성격이다. 이번에도 처음 얼마간은 아주 열심히 했다. 그런데 가만히 보니 한 가지를 배우고 나면 또 다음 어려운 동작이 기다리고 있고, 넘어야 할 산이 첩첩산중이다. 몸살을 심하게 앓고 난 후, 코치에게 포기 선서를 하고 테니스장을 내려왔다.

샤워를 하고 아주 홀가분한(?) 기분으로 책 한 권을 집어 들었다. 모 신문사에서 현상 모집한 1억 원 고료에 당선된 젊은 여류작가의 장편소설이었다. 책장을 펼치니 늘 그렇듯 서문이 눈에 들어왔다. 그 소설을 쓰는 동안 마음먹은 대로 진전이 되지 않아 힘이 들 때는 뒷산에 올랐다고 한다. 산에 오르면 매일 같은 시간, 같은 장소에서 똑같은 운동을 하고 있는 반신불수의 할아버지를 볼 수 있었다고 한다.

그 작가는 하루도 빠짐없이 할아버지를 유심히 관찰한다. 왼발과 오른발 중 어느 쪽을 먼저 내놓는가, 오른발을 내 놓을 때는 왼쪽 어깨가 몇도 가량 쳐지나, 보폭은 몇cm쯤 되나. 그 외에도 아주 세밀한 부분까지 자세히 살펴보았다고 한다. 그러다 어느 날부터 할아버지의 운동 시간이 차츰차츰 길어지고, 보폭이 조금씩 넓어지고 그러면서 할아버지의 다리에 점점 힘이 붙는 것을 눈치 챈다. 할아버지의 건강이 회복되는 기미에 그녀는 일종의 희열마저 느낀다. 그러면서 몇 번이고 주저앉았던 소설 쓰기에 매달리게 된다. 작가는 또 말한다. '도처에 스승은 있었다.' 고. 하다못해 풀 한 포기, 날벌레 한 마리에게서도 우리는 순간순간을 배우면서 산다고.

가뜩이나 진득하지 못한 내 자신에게 못마땅해 있던 터에, 어쩌다 뽑아 든 책 한 권이 이리도 등줄기를 내려치는지 모르겠다. 그 서늘함은 곧 내게 어떤 구원의 밧줄과도 같은 힘을 주었다. 할아버지의 건강을 회복하겠다는 집념과, 거기에 또 절실한 삶의 의미를 부여한 작가의 심미안에 말없는 박수를 보내고 싶은 심정이다.

생각해보니 무엇이든 쉽게 마음먹고, 쉽게 포기한 적이 여러 번 있었다. 수영을 배울 때도 똑같았다. 결국 수영 강습도 금방

끝이 났다. 오늘도 테니스장을 내려오며 내일부터는 볼링을 배워볼까 하는 또 다른 계획을 세우며 돌아오지 않았던가. 건강을 회복하겠다는 할아버지의 일념이나, 긴 시간에 걸쳐 한 사물을 천착하는 작가의 지구력은 아예 나와는 거리가 멀다. 그 소설의 내용은 차치하고라도 아주 작은 사물 하나하나에까지 의미를 준 그 소설가의 따사한 가슴에 절로 고개가 숙여졌다. 관찰은 곧 관심이요, 그 관심은 사랑에서 시작될진대 결국 그 작가의 이 세상을 대하는 마음은 아주 따뜻하다고 할 수 있지 않을까.

얼마 전 전국 직장인 바둑 대회에서 우승을 한 남편이 부상으로 하와이를 다녀왔다. 아무리 둘러봐도 우리나라 제주도만한 곳 없다며 들어선 그가 옷도 벗기 전 내미는 것이 있었다. 박꽃 같은 진주와, 장식장 한 쪽에 밀어놓기엔 고급스럽게 포장이 된 술병이었다. 술도 못 마시는 사람이 웬 술이냐는 내게 '당신 거야' 라는 말 외에는 일언반구 반응이 없다. 세상에, 자기 아내에게 술을 선물하는 사람은 아마 내 남편밖엔 없을 것이다.

술의 가격부터 살피고 있는 내 눈에 'aged 21 years' 라는 문구가 들어왔다. 이 원액의 숙성 기간이 21년이란 말 인 듯싶은데 '21' 이라는 아라비아 숫자가 던져주는, 예사롭지만은 않은 어떤 또 다른 의미가 내게 와 닿는 것이었다.

어쩌면 말없이 던져 놓은 저 진주와 위스키의 의미는, 매사를 번갯불에 담배 붙이 듯 해치우는 아내에게 모진 아픔을 참고 견딘 조개만이 저렇게 영롱한 빛을 발하는 진주를 키워내듯, 21년이라는 오랜 시간을 가져야만 충분히 익어 향이 좋은 술이 되듯, 그렇게 참고 견뎌야 인생의 종착역에서 은은한 향훈(香薰)을 낼 수 있을 거라는 마음속 깊은 배려는 아니었을까.

다시 한 번 21년 동안 침묵하며 인내 했을 저 고요와 적막의 깊이를 가늠해 본다. 오랜 세월 참고 기다리면 내 수필 아니, 내 삶에 있어서도 저렇듯 영롱한 광채와 은은한 향이 배어 나올까?

제비 알

이웃에 사는 지연이가 자기 이름에 얽힌 사연을 이야기하는 바람에 한바탕 웃음바다에 빠진 적이 있었다.

어려서부터 엄마가 '지연' 이란 뜻이 '알지에 제비 연, 알지에 제비 연' 해서 자기가 제비 알인 줄 알았단다. 그래서 아침에 일어나면 몸에 깃털이 나고 날개가 솟은 게 아닌가하여 겨드랑이를 만져보고 또 남몰래 거울을 보곤 하였단다. 혹시 친구들이 제 출생의 비밀을 알면 자신은 따돌림을 당할 텐데 하는 불안한 마음에 누가 한자로 제 이름을 물어볼까 봐 전전긍긍 어린 시절을 보냈다는 이야기였다. 또 친구 중에 '지' 字가 들어가는 친구가 있으면 얼른 그 뜻부터 물어보았단다. 돌아오는 답변은 매번 지혜 '지(智)' 여서 역시 나는 제비 알이로구나 하며 혼자 절망했다는 것이다.

엄마에게 어떻게 제비 알이 이렇게 사람 흉내를 내며 살 수 있는지 물어보고 싶었지만 만약 그것이 사실로 확인되면 엄마에게서도 영원히 버려져 고아가 되는 게 아닌가 싶어 물어보지도 못했단다. 또 설령 제비 둥지에서 주워왔더라도 그걸 숨겨줄 일이지 이름으로까지 표현할 게 무어냐며 속으로 엄마 원망을 많이 하며 야속해 했다고 한다.

지연이가 고민에서 벗어난 것은 초등학교 3학년이 되어 학습지를 통해 한자를 배우고서이다. '知' 字가 알다, 깨닫다, 느끼다, 분별하다, 기억하다 등의 여러 뜻이 있고, '燕' 字도 제비라는 의미 외에 편안함, 쉼, 잔치 등의 뜻으로 쓰인다는 표의문자의 속성을 알고는 그토록 자신을 얽어매던 제비 알에서 헤어 날 수 있었던 것이다. 이름의 뜻풀이에서 오는 오해로 제비와 자신을 동일시한 감정이 어린 그에게 마음의 상처를 주고 행복추구권까지 옭아맸던 것이다.

출생과 더불어 부모로부터 물려받아 세상과 연결해주는 이름, 작명의 의도나 주술 같은 기원은 녹아있을지 몰라도 당사자와는 무관하게 선택되어 운명처럼 지니고 살아가야 하는 게 사람 이름이다. 가령 '이완용'이라는 이름이 주어졌다고 하자. 세 음절의 말, 세 글자 자체에는 아무 느낌도 받지 않는다. 그러나 이완용이란 글자를 보거나 말을 들으면 매국노라는 감정이 솟구친다.

이처럼 대중적으로 악명 높은 이름과 같아 손해를 보고, 저속한 느낌을 주어 조롱거리가 되고, 발음하기 힘들거나 남이 들어 우스운 일들을 연상시키는 이름에서 오는 억압감은 오죽하겠는가. '美淑' 이라는 내 이름 또한 쌀 '미' 에 익힐 '숙' 으로 해석되어 친구 오빠에게 가정부 아가씨라는 별명으로 놀림을 받은 적도 있고, 또 성숙의 반대말로 놀림감이 되어 가뜩이나 작은 키에 주눅이 들었던 기억도 있다.

이름은 사념을 수반하기에 감정을 조장할 수 있고, 타인에 의해 불리어짐으로 완성되기에 인식이 따르기 마련이다. 다행히 근자에 개명이 사회의 이슈로 떠올라 개명을 허가하는 추세라고 한다. 환영할 일이다.

'줄탁동시' 라는 말이 있다. 계란 속의 병아리가 밖으로 나오려고 껍질을 쪼는 것을 '줄' 이라 하고 암탉이 밖에서 쪼는 것을 '탁' 이라 하는데 병아리가 부화하기 위해서는 이 두 가지가 동시에 이루어져야 한다. 이름도 마찬가지다. 이름이 '줄' 이라면 인격은 '탁' 이 아닐까. 이름값을 하고 그 이름을 세상에 드높이려면 인격을 도야해야 한다. 똥이라는 이름이 더러워 향기라는 이름이 주어졌다고 해도 구린내는 변함이 없는 것과 마찬가지로 악취를 없애려는 노력을 하지 않고는 향기가 날 수 없다. 제아무리 값진 이름을 가졌다 해도 갈고 닦지 않으면 무슨 소용이 있겠는가. 고명한 인품을 가진 자 만이 그 이름에서도 향기가 나게 마련이다.

제비 알을 깨고 나온 지연이가 제 이름처럼, 자기 이름의 바른 뜻을 알고 편안함을 찾았으면 좋겠다.

희망

머리가 아프다. 하루, 이틀 그러다 말려니 했는데 달포가 지나도 별 차도가 없다. 이젠 구토 증세까지 일어난다. 혹시 하여 의학 사전을 뒤져보았다. 뇌종양의 증세는 두개내압 고진증과 침해된 뇌 부분에 상당하는 신경탈락증세를 나타내며, 두개내압 고진증이란 두통, 구토 등으로 두개 내 종양의 주요한 증세로 알려져 있다. 그 밖에 경련 발작, 의식 장애, 정신 장애를 동반하는 일이 많다고 씌어있다.

아이가 잘못해서 회초리를 들었는데 매를 든 순간 왜 나무라려고 했는지 이유가 생각나지 않는다. 물그릇에 담긴 빈 병 속으로 물이 들어가는 것처럼 일상이 무기력하다.

죽음은 살아서 하고 싶었던 일을 못하게 하는 상태, 일찍이 애착했던 세계와의 원하지 않는 이별에 지나지 않는다고 한다.

또한 신이 없는 죽음은 허무밖에 기다림이 없는 것으로 오직 삶의 부정으로만 나타난다고 한다. 내 주먹만 믿고 사는 난, 이 상황이 겁나고 두렵다. 우선 난 죽어 묻혀야 할 그 깜깜한 공간이 너무 무섭다.

어린애 같다고 해도 할 수 없다. 내세를 믿지는 않지만 몸이 불에 태워 지는 건 죽은 육신이라도 참아낼 것 같지가 않다. 이런 저런 생각을 해보니 참 오랜 세월을 고통 없이 살려고만 했던 것 같다. 부끄러운 이야기지만 난 산고(産苦)도 견뎌내지 못하고 수술을 한 사람이다. 육체건 정신이건 어떤 어려움도 잘 버텨내질 못한다. 감기 기운이 조금만 있어도 이겨내려고 노력하기 보다는 얼른 약을 먹는다.

왼쪽 머리의 통증은 점점 더 심해지고 현기증이 일어 오래 앉아 있지를 못하겠다. 병원에 가보라는 식구들의 성화가 빗발친다. 그러나 병원에 갈 엄두가 나지 않는다. 두렵다. 정신을 똑바로 차려야겠다. 우선 앞으로 일어날 상황이 내 힘으로 해결 될 일이 아니라면, 그 안 될 것의 문고리에 매달려 더 이상 욕심을 부리지 말자. 있는 그대로를 받아들이자.

내가 사랑했기 때문에 상처 입혀야 했던 모든 사람들에게 어떻게 해야 하나. 자식이란 부부가 함께 산 세월에 대한 가장 뿌듯한 결실이기도 하지만 또한 가장 정직한 상처라고도 한다. 아이들에게 고스란히 투영되어 있는 공통의 추억을 차마 저버릴 수 없을 것 같다.

죽음은 죽은 사람보다도 살아 남아있는 사람들의 몫이라는 말이 내 가슴을 더욱 아프게 한다. 만약에 내게 그런 일이 일어난다면 모두가 나를 빨리 잊었으면 좋겠다. 우리가 이런 저런 이름으로 무리를 짓고 관계를 맺어도 결국 인간은 혼자이다. 우리 모두는 고독하게 태어나고 외롭게 살다가 쓸쓸하게 죽기 때문이다. 뿌리를 내리고 깃들인다는 것은 우리의 욕망이 빚어 낸 주관적인 환상이다. 떠나지 않는 집, 영원히 머무를 땅은 없다.

차마 떨어지지 않는 발걸음으로 병원 문을 두드렸다. 모든 검사를 받을 각오를 단단히 했다. 젊은 의사는 눈동자와 입술, 고개를 상·하·좌·우로 움직여 보라고 했다. 그리고 머리를 여기 저기 눌러보고는 걱정할 것 없다고 했다. 참, 한 달 이상 나를 내리 누르던 고통에 비해 정말 간단한 한 마디였다. 그러면서 의사는 혼자서 걱정 많이 했을 거라며, 요즘 병원에 자칭 뇌종양 환자가 많이 오는데 실제로 뇌종양 환자는 거의 없다고 한다. 그 힘들던 두통과 구토가 스트레스로 인한 편두통 증세라고 한다. 일주일분 약을 받아 들고 병원을 나섰다.

확신은 독단을 낳고 참담한 오류로 이어진다지만, 그 오류가 오늘은 얼마나 즐겁고 반가운지 모르겠다. 그리고 짧은 시간이지만 내가 사랑하는 사람들을 다시 한 번 돌아 볼 수 있게 해 준 두통이 고맙다는 생각까지 들었다. 우리들은 얼마나 많은 사물들을 자기의 주관적 기준에 따라 재단을 하며 살아가고 있는 것일까.

출장 나왔던 남편에게서 전화가 왔다. 점심 같이 하겠느냐고. 칼국수집에 있는데 겉절이가 너무 맛있어 한 그릇 사주고 싶단다. 이런 전화 처음 받은 것도 아니지만 이제야 그 말이 왜 그리 정겨운지 모르겠다.

아직도 머리의 통증은 남아있다. 그러나 이 두통이 가시면 난 다시 이 세상에 섞여 들어가 세상 사람들과 함께 울고 웃으며 숨 쉴 수 있지 않은가. 그럴 수 있으리라는 희망은 얼마나 멋지고도 고마운 일인가.

제5부

꽃등 켜 들고 갑니다

30. 향기

31. 세월의 두께

32. 이쯤에서 날 구원 하소서

33. 이런 사람이 되어다오

34. 천사의 몫

35. 포장

36. 봄의 노래

37. 감어인

38. 벚꽃 가지 꺾는다고

향기

매화 향기 맡으러 매화 마을에 다녀왔다. 꽃이 지는 시기라 그런지 애를 써가며 향내를 맡으려 해도 그 향취가 쉽게 전해오지 않았다. 아련한 향이, 있는 것도 같고 없는 것도 같아 달려온 먼 길이 아쉬웠다. 선인들이 매화 향을 일러 왜 암향(暗香)이라 했는지 알 것 같았다.

매화를 보며 향기, 아니 냄새에 대해 이런 저런 상념에 젖다 보니 기억 저 멀리 삼십여 년 전의 일이 떠올랐다. 대학 입시에 실패해 우울한 마음으로 역시 낙방한 친구네 집을 찾아갔다. 속이 상하시련만 친구 어머니는 반갑게 맞아주셨다. '미숙이가 꽃처럼 뽀얗게 피는구나.' 하시며 점심을 차려 줄 테니 먹고 놀다 가라 하신다. 시험에 떨어져 풀이 죽은 내가 뽀얄 리가 없을 텐데도 그 말에 끌려 슬쩍 화장실로 들어가 거울을 보았다. 그 얼굴이 그 얼굴인데도 괜스레 기분이 좋아졌다.

한참 후에, 얼핏 보아도 정성이 그득한 밥상을 들고 어머니가 들어오셨다. 내 앞에 밥상을 내려놓는 어머니 몸에서 이상한 향기가 솟구쳤다. 내 어머니가 손수 차려 주시던 그 밥 냄새였다. 화장품 향기가 아닌 어머니의 냄새는 가족들에게 맛있는 음식해 먹이려고 평생을 부엌에서 지낸 분 만이 낼 수 있는 그야말로 그것은 '향훈' 이었다. 그날 먹었던 음식이 무엇이었는지는 하나도 기억에 남아있지 않다. 오로지 어머니의 그 정겨운 냄새만이 향기가 되어 가슴에 아련히 남아있다.

세상에서 가장 맛이 있고 향이 좋아 값이 비싼 커피는 인도네시아 사향고양이(civet palm) 배설물로 만든 코피루왁 (kopiluwak)이라는 커피다. 사향고양이가 완전히 자란 원두를 먹으면 껍질은 체내에서 벗겨지고 열매만 배설이 되는데, 그것을 모아 깨끗이 씻어 말리면 최고의 초콜릿 맛과 향을 내는 커피가 된다. 고양이 몸속에서 커피 속 아미노산이 분해되면서 쓴맛이 첨가돼 코피루왁의 독특한 초콜릿 맛과 향이 난다고 한다.

크고 화려한 것만을 추구하는 이 세상에서, 볼품없고 하찮은 고양이 배설물에서 찾아낸 오묘한 맛과 향기는 진가에 대한 고정관념을 뒤엎어 놓았다. 마치 내가 세상에서 가장 좋은 향기를, 평생을 부엌에서 보내신 친구 어머니에게서 맡은 것과 같은 기막힌 역설의 아름다움이다.

백단향이란 나무는 그 향이 얼마나 진한지 자기를 찍는 도끼 날에까지 향기를 남길 정도라고 한다. 조용히 있어도 은근한 향취가 풍겨 나오고, 자기를 해치려는 사람까지 자신의 인격에 동화되게 하는 백단향 같은 사람. 친구 어머니가 백단향 같은 사람이었다는 생각이 든다. 그 향이 얼마나 깊고 진했으면 삼십여 년이 지난 지금까지도 내게 이토록 은은한 노스탤지어로 남아 있을까.

오랜 시간이 지나도 슈바이처나 테레사 수녀가 우리의 가슴속에 살아있는 건 그들이 남긴 향기 때문일 것이다. 사향고양이는 성숙한 열매만을 먹는다고 한다. 그 잘 익은 열매가 향취를 만들어 내는 것이리라. 풋것은 설익은 냄새를 낼 수밖에 없다. 사람도 인격적으로 완연(完然)한 사람만이 향기를 낼 수 있을 것이다.

매화 향을 맡으려다 친구 어머니의 아련한 향수에도 젖어보고, 인품을 갈고 닦아 세상을 아름답게 변화시킨 완숙한 사람들의 향취에도 흠뻑 젖어 본다.

백단향이나 코피루왁 같은 좋은 향이 아니어도 좋다. 슈바이처나 테레사 수녀가 남긴 그렇게 깊은 향이 아니어도 좋다. 그저 친구 어머니처럼 누군가가 아주 오랫동안 그리워할 그런 그윽한 '향기'를 남기고 싶다.

세월의 두께

자세히 나의 얼굴을 들여다본다. 아주 촘촘한 그물로 많은 것을 건져 올리려고 애쓴 흔적이 곳곳에 보인다. 밤새워 헛손질을 하던 기억들이 보이는 듯도 하다. 무엇을 얻으려고 이리 애를 쓴 것일까.

공복이 되기 전에 굶어 죽을 것에 마음을 쏟고, 미리 쓰는 한 바늘이 아홉 바늘을 절약한다고 하는데 사람들은 아홉 바늘을 절약하기 위해 오늘 천 바늘을 꿰맨다는 말이 있다. 내 얼굴을 한참 들여다 본 느낌이 꼭 그랬다.

세월이 사람에게 하는 몹쓸 짓 중의 하나가 늙음이라고 한다. 시간은 증명할 수 없는 절대자의 것이 아니라 인식하는 자의 것이라고 하지만, 내 얼굴을 보니 시간이 절대자의 것인지 보잘것 없는 인간들의 것인지 가늠하기가 어려워진다. 정말 사람이

든 신이든 세월 앞에서는 신화가 되는 것 같다.

남편 회사의 사보 편집장에게서 전화가 왔다. 금년 1월 호에 '오픈 하우스' 라는 가족 탐방 코너가 새로 마련되었는데 그 지면을 내가 맡아주었으면 좋겠다고 한다. 지난해 발전소를 1박 2일로 취재 하고 탐방 기사를 쓴 적이 있는데 그때 공동 작업을 한 인연으로 내게 청탁을 해 온 것이다.

글감은 '가족사랑' 이란다. 문제는 사진이다. 결혼 전에는 사진 찍을 기회가 생기면 어디든 가리지 않고 뛰어 다녔다. 사진 찍기를 참 좋아했다. 그때는 지금처럼 얼굴에 살이 오르지도 않았고, 주름도 없어 그랬겠지만 나는 실물보다 사진이 잘 나오는 편이다.

그러다가 아이들이 둘이나 생기면서 생활이 바빠지다 보니 사진 찍을 기회가 별로 없었고, 기회가 있다 해도 카메라 렌즈를 아이들에게 맞추기 바빴을 것이다. 그러다 어느 날 놀이 공원에서 찍어 온 사진을 보고는 너무나 많이, 또 엉망으로 변해버린 내 모습을 보고 그 다음부터는 아예 사진 찍을 생각을 하지 않게 되었다.

꼭 찍어야 할 일이 아니면 가급적 피하게 되었다. 막내 동생 결혼 때도 어떻게든 내 모습이 덜 나오도록 애를 썼다. 그러니 여러 사람이 보게 될 잡지에 실릴 얼굴인데 어떻게 신경이 쓰이지 않겠는가. 부랴부랴 미용실에 가서 퍼머를 새로 하고 되도록 몸피가 작아 보이게 검은 옷을 입었다.

다행히 베테랑 사진작가의 도움으로 여러 장을 힘들이지 않고 찍을 수 있었다. 내 얼굴은 화면 처리를 해 줄 수 없냐는 부탁 아닌 부탁에, 작가는 내 얼굴이 카메라 렌즈에 잘 잡힌다느니, 눈 . 코. 입 윤곽이 뚜렷해 좋다느니 해가며 주눅 든 나에게 위로와 희망을 건넨다. 그분이 하도 진지하게 작업에 임하니 '당신, 오늘 보니 아직 괜찮은데.' 해가며 남편까지 팔불출이 돼 간다.

그렇게 해서 찍은 사진이라 그런지 막상 잡지가 도착 한 후 처음 받은 느낌은 그런대로 괜찮았다. 구도하며, 그 글에 맞는 분위기하며 보기가 좋았다. 그러나 시간이 흐르면서가 문제였다. 한 번 두 번 사진을 볼 때마다 활짝 웃느라 벌어진 입가의 주름들하며, 늘어진 볼에 묻어있는 욕심의 흔적들. 그리고 눈가의 주름들이 자꾸 눈앞에 확대되어 오는 것이었다.

반면 식구들의 얼굴엔 욕심 한 점 없어 보인다. 남편의 눈가에도 잔주름은 비쳤으나 그의 얼굴은 편안해 보인다. 아이들 얼굴은 얼마나 해맑은가.

도연명은 세상 사람들 모두가 무언가를 이루지 못함을 두려워한다고 했다. 순리대로 살아야지 괜히 무엇을 이루지 못했다고 아쉬워해서는 안 된다는 것이다. 인간 대부분은 때가 되면 땅 속에 섞여 들어가 땅을 살지게 할 뿐인데 내가 그렇게 이루고자 열망했던 것은 무엇이었던가. 세상에 영원한 것은 아무 것도 없는데.

'소로우' 는 찢어진 돛은 그것이 재생되어 인쇄된 책으로 되었을 때보다 지금 있는 그대로인 쪽이 더욱 가치가 있고 재미있다고 했다. 그 찢어진 돛만큼 자신들이 겪은 폭풍과의 싸움을 생생히 그릴 자가 없기 때문에.

자꾸 사진을 들여다보니 그렇게 불만이던 내 얼굴이 생각만큼 싫지는 않다. 찢어진 돛처럼 풍랑의 세월이 보이는 듯하다. 그리고 그 고통의 세월들까지도 사랑할 수 있을 것 같다.

늙어간다는 말의 의미까지 따뜻이 껴안을 수 있게 해 준 세월을 인정하고 받아들여야겠다. 필름을 들고 사진관으로 간다. 사진, 아니 주름진 내 얼굴을 확대하러. 이제 내 얼굴에 내려앉은 세월의 두께를 결코 부끄러워하지 않으리.

이쯤에서 날 구원 하소서

예전에 읽었던 책을 다시 읽다 가끔 당황할 때가 있다. 희미한 옛 기억에만 의지하다 보면 엉뚱한 방향으로 책의 내용을 각색하거나 기억하고 있다는 사실에 놀라곤 한다. 그때마다 내 머리를 탓하곤 했는데, 며칠 전 어느 선배의 이야기를 듣고 내 생각에 잘못이 있음을 알게 되었다.

늘 책을 가까이 하는 선배가 이층 서재에서 무언가를 읽다가 아래층으로 내려왔는데, 방금 읽은 내용이 기억나지 않아 무척 자책을 했다고 한다. 그러다 어느 변호사가 자신은 어떤 책을 읽을 때 7번 이상 읽지 않은 책이 없다고 말하는 것을 들었다고 한다. 사법 고시 수석, 외무 고시 차석을 차지한 귀재도 저런데 하물며 나 같은 범부야 일러 뭣하겠느냐며 고소를 금치 못했다고 한다.

이 이야기를 하다 보니 조선 시대 독서광 김득신이 생각난다. 그는 만 번 이하로 읽은 것은 아예 독서로 꼽지도 않고, 《사기》 중 〈백이전〉은 11만 3천 번을 읽었다고 한다. 더욱 놀라운 것은 허구한 날 같은 글을 되풀이해 읽으면서 횟수까지 빠짐없이 적어 두었다는 것이다. 또한 잘 때는 늘 머리맡에 책을 두었는데, 잠에서 깼을 때 가만히 책을 손으로 문지르고 있으면 마음이 편해지기 때문이라니 얼마나 책을 좋아하고 정독을 한 사람인지 알 수 있겠다.

김득신의 일화를 듣기 전에는 나도 나름대로 책을 사랑하는 사람이라고 생각하고 있었다. 어느 날 신문에서 4월 23일에 태어난 사람이 신분증을 가지고 서점에 오면 원하는 책 한 권과 장미 한 송이를 준다는 광고문을 보았다. 하필이면 왜 내 생일인 4월 23일이라는 것인지 그 이유가 궁금했다. 나중에 알고 보니 바로 그 날이 책을 잘 읽지 않기로 유명한 스페인 사람들이 '세르반테스'가 죽은 날을 기념해 만든 '성 조르드 데이'라는 것이다. 이날 스페인에서는 가까운 사람들에게 붉은 장미와 함께 책을 선사한다고 한다.

책이 좋아 이메일 주소도 book 1st라 했다. 침대 머리맡에도, 화장대에도 늘 여러 권의 책이 놓여있으니 독서광까지는 아니더라도 누구 말처럼 탐서가라는 자부심은 갖고 산다. 아버지의 유품을 정리하다 지갑을 열어 보니 도서 상품권 몇 장이 나왔다. 친정 식구들은 누구에게 물어볼 것도 없이 그것을 내 앞으로 밀어 놓았다.

하긴 어떤 이는 책을 너무 좋아해 평생 국에 밥만 말아 먹었다는 사람도 있다. 밥을 먹으면서도 책을 보아야 하기 때문에 반찬을 집어 먹을 수 없었다는 이야기다. 또 책만 읽는 멍청이라는 뜻의 《간서치전(看書痴傳)》을 지은 이덕무는 추운 겨울, 홑이불만 덮고 잠을 자다가 얼어 죽을 것 같아서 논어를 병풍처럼 늘어 세워 웃풍을 막고, 한서를 이불 위로 물고기 비늘처럼 잇대어 덮고서야 겨우 얼어 죽기를 면할 수 있었다고 한다. 얼어 죽어도 굶어 죽어도 책만 있으면 행복한 사람들. 문자 향 가득한 이야기다.

애서가나 광서가(?) 이야기를 들자면 우선 나폴레옹을 빼놓을 수 없다. 전쟁 중에도 5만 권의 책을 끌고 다녔다니 이동도서관의 창시자란 말이 전혀 어색하지 않다. 또 독일의 역사학자 테오도르 몸젠이 책을 읽는데 곁에서 시끄럽게 우는 아이가 있어 꾸짖을 요량으로 이름을 묻자, "아빠, 저는 아빠의 아들 하인리히라니까요." 했다는 일화는 웃음의 경지를 넘어 차라리 그 몰아지경이 부럽기까지 하다. 하긴 그가 촛대를 들고 사다리를 타고 올라가 책장 꼭대기에 있는 책을 읽다 머리에 불이 옮겨 붙어 머리카락이 다 타버렸다는 일화도 있으니, 어지간히 책에 미친 사람이라고 아니 할 수 없다.

이 독서광들 이야기를 따라가다 보니 나는 애서가도 아니요, 광서가는 더 더욱 아니라는 생각이 든다. 그저 단지 책을 탐내는 사람, 책 읽는 욕심만 가득한 사람이었다는 자책이 든다. 어찌됐든 책에 미친 사람들 이야기를 찾아 읽는 동안 그 내용을 좇아가는 내 자신도 행복하지 않을 수 없다. 책이 내게 사랑한다는 답신을 영원히 보내오지 않더라도 이 혼자만의 사랑을 평생 놓을 수 없을 것 같다.

책 한 권을 읽고 거기서 또 다른 정보를 얻어 관련된 책을 찾아 헤맬 때의 기쁨은 경험하지 못한 사람은 모른다. 더욱이 그 책이 도서관에만 있는 것일 경우, 문 닫을 시간이 다되어 헐레벌떡 뛰어가 아슬아슬 손에 넣었을 때의 기분은 스릴과 서스펜스 가득한 영화 몇 편 보는 것에 비할 바가 아니다.

이러하거늘 아무리 둘러보아도 나를 바꾸어 놓은 책 한 권을 찾을 수 없다. 책을 읽거나 사는 데 인색하지 않았건만 50년을 살아오면서 자신 있게 꼽을 수 있는 책 한 권이 없음은 내 사색의 깊이가, 내 사고의 영역이 남들보다 부족하기 때문일 것이다. 작가의 사상을 깊이 파고 들어가 나의 것으로 소화하지 못했고 한 문단, 단어 하나에 충분한 애정을 쏟지 못했기 때문일 것이다. 읽는 대상물에 한 줌의 관심을 쏟고는 영혼 자체를 울리는 사랑을 달라고 칭얼댔다.

다독이라고도 할 수 없는 욕심이었지, 내 정신이 녹아드는 정독을 하지 못했다. 질보다 양에만 급급한 나머지 엉터리 독서가 되고 말았다. 저토록 무시무시한 책벌레들도 있는데 남이 밤새워 써놓은 글들을 커피 2잔 마실 동안에 읽어내고는 머리 탓만 했다. 더군다나 한두 번 읽은 책으로 인생이 바뀌기를 기대했었다. 이제 누가 내게 '책' 이란 주제로 말을 걸어온다면 정말 가슴 맺힌 말 한마디 토해 낼 수 있기를…….

어쩌면 평생 짝사랑만 하다 죽을 책의 정령이시여, 이쯤에서 날 구원하소서.

이런 사람이 되어다오

범민아!

오랜만에 산엘 올랐다. 감기 몸살을 심하게 앓은 터라 옮겨놓는 발걸음은 무거웠고, 고개를 들 때마다 하얀 꼬리 달린 별들이 무리지어 도망가곤 했다. 순간 그냥 내려갈까 하는 생각에 잠시 마음이 흔들렸다. 그러나 참고 오르면 네가 공부하고 있는 학교가 보이겠지 하는 생각이 쉼 없이 나를 정상으로 내몰았다.

오르면서 네 생각을 많이 했지. 네 또래보다 힘겨운 공부를 하며 묵묵히 학교생활을 잘 해나가다가도, 가끔은 엄마에게 투정 부리는 너를 보면 지금 내가 하고 있는 행동이 과연 잘하는 것일까 하는 의문이 고개를 들곤 한다. 그러나 돌이켜보면 지금 너만했을 때의 이 엄마는 구슬땀을 닦으며 미련스럽게 산을 오르기보다는, 순간순간 지름길 찾기에만 바빴던 것 같구나.

때문에 내겐 어떤 회환이 있고, 해서 네게 이 글을 쓰고 있는지도 모르겠다.

범민아!

엄마는 턱턱 차오르는 숨을 꾹 참으며 드디어 정상에 올랐다. 아담한 너의 학교 운동장이 훤히 보이고, 탁 트인 서해가 환히 웃고 있었다. 햇빛을 받아 금빛을 내뿜는 바다 위에 수천, 수만 개의 너의 얼굴이 떠 있었지. 그 얼굴에 대고 엄마는 말했다.

노루의 배꼽에 낀 때가 쌓이고 쌓여 더할 나위 없이 좋은 향기가 되듯, 몸속으로 파고들어 온 작은 돌을 밀어내던 조개의 살이 영롱한 보석으로 바뀌듯, 하루하루의 노력과 고통이 쌓여야만 아름다운 삶이 될 수 있다고. 내가 이렇게 말하자 너는 금세 구시대의 훈계라고 이 엄마에게 면박을 주더구나. 그러나 너희들에게 새로운 것에 열광할 권리가 있다면, 이 엄마에게도 지나간 것에 연연해 할 권리 또한 있지 않을까.

요즘의 너희들을 가만 바라보고 있으면 어떤 일이 진행된 과정보다는 그 결과에만 집착하는 느낌이 들곤 한단다. 물론 우리가 곱다고 느끼는 것은 제비꽃의 보라색 꽃잎이겠지. 하지만 그 꽃을 피우기까지의 이야기를 우리가 들을 수 있다면, 더 곱고 가슴 절절한 아름다운 사연은 줄기와 뿌리와 잎이 내뱉는 이야기가 아닐까.

종종 우리들은 사물의 한 쪽만 보는 실수들을 저지르곤 하지.

우리의 눈은 동시에 반대의 것을 보지 못하고, 우리의 머리는 동시에 반대의 것을 생각하지 못하지. 그러나 마음의 눈을 갖는 것. 보이지 않는 것을 보고 싶어 하는 눈, 그래서 보이지 않는 것을 볼 줄 아는 상상력을 갖게 되는 것은, 우리를 이 세상 끝까지 가보게 만들어 주는 최대의 힘이란다.

힘들게 정상에 오르며 나 자신에게 물어보았다. 무엇 때문에 산에 오르느냐고. 연어가 입이 찢어지는 상처를 입으면서도 폭포를 뛰어넘는 것은, 그 뛰어넘는 순간의 고통과 환희를 훗날 알을 깨고 나온 새끼들에게 고스란히 전해 주기 위해서라는 글을 읽은 적이 있다. 한 순간 한 순간이 먼 훗날 자기 새끼들의 뼈와 살이 되고 옹골진 삶이 된다고 생각하기 때문이란다. 엄마의 이 힘든 산행도 너를 향한 애정이라고 생각해 달라면 엄마의 지나친 욕심일까.

너와 같이 읽은 안도현 시인이 쓴 '연어'란 책에 이런 말이 있다. '별이 빛나는 것은 어둠이 배경이 되어주기 때문이고, 꽃이 아름다운 것은 땅이 배경이 되어주기 때문이다.' 라는. 그래 엄마는 네게 어둠이 되고 땅이 되어주고 싶다.

지금 힘들어하는 경시부를 그만둔다면 네가 커가면서 만나게 될 수많은 어려움을 어떻게 헤쳐 나갈까, 세상을 너보다 조금 더 살아 온 엄마는 걱정이 된단다. 속이 깊은 강일수록 흐름을 겉으로 드러내지 않는다고 한다. 이 말조차 네겐 짐이 되겠지만 좀 더 깊은 강이 되어주었으면 하는 바람 또한 결코 네게 욕심을 부리기 때문만은 아니다.

이 생각 저 생각을 하며 산을 내려오다 보니 어느새 너의 학교 정문 앞에 서있더구나. 그런데 운동장 저 편에 어떤 사람의 모습이 보였어. 파란 운동복을 입고 모자를 눌러 쓴 사람이 손에 검정 비닐을 들고 운동장 구석구석, 사철나무 가지를 속 속까지 뒤지는 거야. 한참을 서서 지켜보았다. 정문 앞으로 다가온 그 사람을 자세히 살펴보니 바로 너희들 교장 선생님이시더구나. 검정 비닐 속은 너희들이 버린 아이스크림 껍질과 휴지들로 가득 차 있었지.

순간 엄마의 감동을 어찌 이 짧은 글재주로 다 표현할 수 있겠니. 너는 세종대왕을 존경한다고 큰 소리로 외치지만 나는 멀리 계신 세종대왕보다 바로 내 눈 앞에 서 있는 너의 교장 선생님이 더 존경스러웠다. 아름다운 것은 멀리 있지도 않고, 아주 크지도 않으며, 또 그것은 금방 사라지지도 않기 때문이지.

그래, 바로 이런 사람이 되어다오. 작은 일로 네 주위 사람들에게 행복을 전해 주는 그런 사람. 네가 지난 해 담임선생님과 헤어지던 날, 숲 속에 앉아 몇 시간을 울어 퉁퉁 부운 눈을 하고 집에 들어섰을 때 엄마는 얼마나 행복했는지 아니? 또 너는 언젠가 새벽 신문을 돌리는 네 친구의 터진 손등 때문에 가슴이 아프다고도 했지. 그런 너를 엄마는 너무너무 사랑한단다.

그렇게 착한 너에게 한 가지만 더 부탁할 것이 있어. 오늘 너와 이 많은 대화를 나누게 해 준 것도 산이라는 자연이 있기 때문이지. 자연은 참으로 우리에게 많은 가르침을 준다. 아마 내가 오늘 산에 오르기를 포기했다면, 너와 이렇게 소중한 이야기도 나누기 어려웠을 거야. 내가 땀 흘려 정상까지 오른 대가로 자연이 내게 준 커다란 선물인 것 같다. 너와의 이 긴 대화가. 부디 대지의 마음을 읽을 줄 아는 사람, 주위의 가슴 아픈 사연에 활짝 마음을 열고 귀 기울일 줄 아는 사람이 되어다오.

이제 엄마가 가장 좋아하는 시, 오늘 한 순간의 너의 발자취가 후일 네 인생에 커다란 영향을 준다는 롱펠로의 '화살과 노래'를 마음속으로 네게 들려주며 너와의 대화를 마칠까 한다.

천사의 몫

80代 어느 실향민이 평생 모은 재산 270억 원을 불우 이웃에 기탁했다. 가족과의 여름휴가 중 차 안에서 라디오 뉴스로 이 소식을 접하고, 나는 필시 그 주인공에겐 재산을 물려줄 후손이 없을 거라 생각했다. 그러나 그 옹(翁)에겐 1남 4녀의 자식이 있었다.

율리우스 카이사르는 대부분의 사람들은 자기가 보고 싶어 하는 현실밖에는 보지 않는다고 했다. 그에게 후손이 없을 거란 생각은 내 사고의 한계였고, 내 그릇의 크기였다.

더구나 그런 큰일을 가족들과 상의한 적도 없이 작년에도 100억 원을 청원군 꽃동네에 기증한 적이 있는데 그때는 인터뷰마저 꺼렸다고 한다. 그러나 이번엔 당신 같은 사람이 한 명이라도 더 있었으면 하는 바람에 기자를 만났다고 한다. 도대체

270억이라는 돈의 개념이 내게는 부피감도 현실감도 느껴지지 않는다. 1억 원짜리 아파트가 270채. 그는 과연 어떤 삶을 살았을까.

오래 전에 읽었던 존 스타인 백의 '분노의 포도'가 떠올랐다. 자기가 갖고 있는 조그만 영혼을 나머지 영혼과 합쳐서 전체가 되지 않으면 아무 소용이 없다는 유랑목사 케시가 노동 착취에 대항하다 자경 단원에게 맞아 죽는다. 조드가의 장남 톰은 목사를 죽인 범인을 죽이고 배수거(排水渠)에 몸을 숨긴다.

굶주렸던 어린아이들이 저녁 준비가 됐다는 것을 알고 소리 내어 웃고 있는 곳, 자기 식구가 자기 손으로 가꾼 것을 먹고 자기 손으로 지은 집에서 살 수 있는 그런 세상을 위해 톰은 길을 떠난다.

이 소설의 말미는 많은 것을 생각하게 한다. 톰의 누이동생, 로저샨은 사산아를 출산하고 어머니와 함께 불어나는 장맛비를 피해 헛간으로 몸을 피한다. 그곳에는 이미 굶주림으로 죽어 가는 한 남자와 그의 어린 아들이 있다. 아들은 아버지를 위해 빵까지 도둑질했지만, 아버지는 이미 수프나 우유가 아니면 다른 음식을 넘길 수 없다며 아이는 울먹인다. 그들 누구에게도 우유를 살 돈이 없었던 것이다.

어머니의 눈이 로저샨의 눈을 깊숙이 들여다본다. 딸의 숨소리가 가빠지기 시작하며 모두가 자리를 피하고 로저샨은 사나이에게 붙은 젖을 물린다.

절망 속에서도 죽지 않고 따뜻한 인간애와 생명력으로 살아남는 인간의 기본적 힘을 전하려는 소설의 메시지와 두 사람이 같이 누우면 온기를 나눌 수 있다는 말이, 재산 대물림을 뿌리친 노옹(老翁)의 모습으로 해서 다시 그 의미가 크게 와 닿는다. 나 같은 사람이 한 명이라도 더 있었으면 좋겠다는 노공의 소망이 가슴에 깊이 파고든다.

만약 나에게 270억이 있다면 남에게 어떤 모습으로 베풀며, 또 어떤 모양으로 살아갈지 모르겠다. 미리 걱정하고 싶지도 않다. 그러나 문제는 그 노인에게 자손이 없을 거라 속단했던 내 닫힌 의식에 있는 것이다. 그 고정관념에 묶여있는 이상, 아니 그 답답한 사고에서 벗어나지 못하는 한 남과 빵 한 조각, 사탕 한 개 나누면서 살 마음의 여유가 있겠는가. 그 의식이 두려울 뿐이다.

난(蘭) 한 뿌리조차 나를 얽어매는 족쇄가 되므로 무소유가 좋다는 법정스님의 말씀도, 스님에게도 딸린 자식들이 있다면 아마 생각이 달라졌을 거라며 내가 보고 싶은 쪽으로만 생각을 해왔다. 그런데 오늘 쾌척의 주인공을 보며 내 좁은 사고의 폭을 이렇게 부끄러워하고 있는 것이다.

어느 대담 프로에서 위스키의 한 전문가가 재미있는 말을 한 것이 생각난다. 증류 직후의 위스키는 맛과 향이 거칠어 나무

술통에 오랫동안 저장해 둔다고 한다. 이 과정을 거치면 위스키가 순화 돼서 맛과 향이 부드럽게 되기 때문이란다. 위스키가 나무통에서 숙성되는 동안 30% 정도가 증발하는데 이것을 '천사의 몫' 이라고 부른단다.

그때 그 천사의 몫이라는 의의(意義)가 강하게 와 닿았다. 한낱 옥수수도 이 세상에 왔다가 천사의 몫을 남긴다는데, 도움을 필요로 하는 이들을 위해 적어도 옥수수보다는 많은 것을 남겨놓고 가야하는 게 사람 아닐까하는 생각이 들었기 때문이다. 자식 몫이 아닌 사회로의 환원. 이것이야말로 진정 할아버지가 희구하는 '천사의 몫' 이 아닐까.

포장

한 달을 끙끙 앓았다. 집을 시세보다 천만 원이나 싸게 팔아버린 것이다. 더구나 집을 사려는 사람은 우리 집을 담보로 융자를 받아 중도금을 해결할 모양이다. 그날 무엇에 홀렸는지 얼떨결에 계약을 맺었다. 좀 더 집을 꾸며 부동산 소개소에 의뢰했더라면, 아니 주변 시세라도 한 번 더 알아보았더라면 훨씬 더 좋은 시세로 매매를 했을 터이다. 마흔 넘도록 세상살이에 서툰 우리 부부 그 어설픔이 짜증스럽다.

집을 사려는 사람의 첫인상도 마음에 들지 않았다. 의류 업자인데 공장에 난 불로 화상을 입어 얼굴은 일그러져 있고, 손도 심하게 굽어있었다. 게다가 후줄근한 점퍼 차림이었다. 융자를 받으면 이자는 제대로 갚아 나갈까 하는 쓸데없는 생각까지 들어 돌아오는 발걸음이 무거웠다.

중도금을 받는 날이었다. 밖은 온통 흐려, 대기까지 갈앉아 기분이 영 말이 아니었다. 약속 장소인 은행에 들어섰다. 그가 미리 기다리고 있었다. 감색 양복에 산뜻한 넥타이, 반짝이는 구두. 처음 보았을 때와는 사뭇 다른 인상이다. 그가 정중하게 우리부부를 맞아주었다.

그는 우리보다 십 년이나 연상이다. 그런데도 나이 어린 우리에게 예의바르다. 무슨 심사냐. 천만 원 손해 본다는 마음에 억울했던 생각이 눈 녹듯 사라지니 치장의 마력인가. 마치 집을 싸게 팔아 뒤틀린 내 심사를 달래주기 위해 그가 단장을 하고 나왔는가 하는 착각까지 드는 것이었다.

오후에 무슨 다른 볼일이 있는지 몰라도 아무튼 기분이 좋았다. 믿기지 않겠지만 우리 집에 저런 단정한 사람이 들어와 복 많이 받고 잘 살아주었으면 좋겠다는 바람까지 드는 것이었다.

'오체불만족' 을 쓴 오토다케 히로타다가 생각난다. 그는 사지가 없음에도 정장을 즐겨 입고, 외모에 신경을 많이 쓴다고 그의 책에서 말한다. 타고난 신체야 어떻든 자신에게 성실 할 수 있다는 것만으로도 대단한 사람이 아닌가 싶다. 물론 유복한 가정에서 태어났다는 환경적 요인도 있겠으나, 매사에 적극적인 그를 보며 박수를 보낸다.

또한 멀쩡한 육체로 -그의 말을 빌리면 오체가 되겠지만- 태어났으면서도 불만 속에 살고 있는 나 자신이 부끄럽다. 우리나라를 방문하여 여러 곳을 다니며 아이들과 어울려 쾌활하게 탁구 치고, 농구 하는 모습을 T. V를 통하여 보았다. 깔끔한 용모가 쉽게 잊히지 않는다.

며칠 전 아들아이의 돌출 행동이 나를 당혹스럽게 했다. 백화점에서 제 옷을 고르던 녀석이 슬며시 다른 코너로 가버린 것이다. 아이를 부르려다 무언가 짚이는 게 있어 매장 입구를 바라보았다. 아들애의 같은 반 여자 아이가 제 엄마 손을 잡고 들어서는 것이다. 녀석이 왜 그랬을까. 곱게 차려입은 그 엄마. 나보다 훨씬 젊어 보이는 그 모습과 나를 비교했을까. 청바지에 점퍼를 걸치고 화장기 없는 얼굴로 외출한 제 엄마가 부끄러웠던 걸까. 그래도 그렇지, 괘씸한 녀석. 속이 상해 앞서 걸었다. 녀석은 볼이 부은 채 뒤따라 왔다.

집에 돌아와 거울 앞에 앉아 본다. 내가 봐도 그렇다. 눈가에 잡힌 주름하며, 가꾸는 데 너무 소홀했다. 녀석은 제 친구 엄마보다 나이 들어 보이고, 예뻐 보이지 않는 엄마가 싫었을 것이다. 녀석을 탓할 수만은 없다. 포장, 치장을 해야겠다.

여태껏 포장, 치장이라면 부정적으로만 받아들였다. 내용물은 부실한데 겉모습만 현란하면 뭐 하랴 싶은 생각에서다. 하지만 우리가 살아가는데 있어 첫인상이 때로는 많은 일들을 좌우하지 않던가. 가끔씩 첫인상은 실체와 동떨어진, 터무니없는 것으로 나타날 수도 있다.

첫인상이란 말을 해놓고 보니 오늘 아침 일이 떠오른다. 금년 중학교에 입학한 큰아이가 몇 달 사이 훌쩍 자라 교복을 다시 사야 할 일이 생겼다. 오후에는 늘 시간에 쫓기는 처지라 이른 시간에 교복을 파는 매장으로 향할 수밖에 없었다. 첫 손님이면 이것저것 고르지도 못하고, 본의 아니게 주인 눈치를 보았던 경험이 있던 터라 별로 마음이 내키지 않았으나 어쩌랴. 화장을 정성스레 하고 얼마 전 새로 산 옷을 꺼내 입었다.

교복 가게 주인은 나를 보더니 첫인상이 좋다며 정찰제인 교복을 2만 원이나 깎아준다. 첫 손님의 인상이 좋으면 하루 내내 기분이 좋다는 것이다. 첫 손님이 카드로 지불하면 하루 종일 매장을 찾는 손님이 카드로 결제를 할지 모르니 현금으로 계산하겠다고 하자, 마음 씀이 고맙다며 덤으로 스킨과 로션이 담긴 화장품 세트까지 선물 하는 것이다.

과대 포장이 아니라면 예쁘게 포장하는 것은 남에 대한 배려이고 예의라는 생각이 든다. 기왕에 타고 난 건 어쩔 수 없다 하더라도 좀 더 외모에 신경을 쓰고, 스스로를 가꾼다면 자신뿐 아니라 남에게도 좋은 느낌을 줄 수 있지 않을까. 지극히 작은 깨달음을 교복 가게 주인에게서, 또 아들아이에게서 얻은 것이다.

거울 앞에 앉아 마사지 크림을 듬뿍 덜어 눈가에 발라본다. 아, 이젠 정말 포장에 신경을 써야 할 나이가 되었음을 절감한다. 미국의 과학 저널리스트 '대니얼 매닐' 은《얼굴》에서 살아

있는 얼굴은 우리에게 값을 매길 수 없을 만큼 소중한 정보를 제공하기 때문에, 우리가 대하는 가장 중요하고 신비로운 외면이며 육신의 중심이라고 했다.

내용물이야 작고 보잘 것 없어도 예쁜 리본으로 장식되고, 정성스레 포장 된 선물은 그 가치를 두 배, 세 배 발하지 않던가. 허세에 불과 하다고 가볍게 여겼던 포장의 의미를 다시 한 번 생각해 본다.

봄의 노래

복잡한 마음을 가라앉히려 청계산에 올랐다. 약수터 근처 병꽃 나무엔 진한 우윳빛 병꽃이 탐스럽게 꽃망울을 매달고, 벌써 붉은색으로 변한 제 친구의 성급함을 흉보고 있는 듯하다. 천천히 걸음을 옮겨 놓는 산속엔 물오리나무, 굴참나무, 졸참나무, 물박달나무, 물푸레나무, 작살나무, 다릅나무, 털벚꽃나무가 하늘을 덮고 있다.

인적 드문 산길에 이렇게 혼자 서서 꽃과 나무들의 환호를 받으니 이게 무슨 횡재인가 싶다. 마치 짠하고 화면이 바뀐 동화 속 나라로 내가 잘못 들어 와 있는 듯한 착각에 빠진다. 신록에 취해 우울한 마음도 잠시 잊는다.

딸아이 방을 치우다 침대 모서리에 뭔가 시커먼 검정 비닐 같은 것이 쿡 박혀 있는 것을 발견했다. 집어 든 순간 움찔했다.

비닐 봉투라 미끈할 줄 알았는데, 만약 갓 낳은 강아지를 손에 잡았다면 그 감촉이 그러했을까. 보드랍고 따스하고 포근한 느낌이. 하기는 캐시미어가 염소나 양의 연한 털만을 가려 만든 방모직물이니 그럴 수밖에 없겠지만. 아무튼 그것의 실체가 확인되는 순간 머리끝까지 화가 났다.

얼마 전 아주 큰 맘 먹고 장만한 캐시미어 스웨터였다. 오래전부터 사고 싶었는데 가격이 만만치가 않았다. 그래서 상설 매장으로 넘어오길 기다려 반 가격에 구입을 했다.

소재가 실크와 캐시미어라 쉬 손상을 입을 것 같다는 생각에 언뜻 손이 가지 않아 한 번을 입어보지 못하고 겨울을 넘긴 것이다. 이미 스웨터의 팔은 잔뜩 늘어나 있고 앞부분은 보풀이 오글오글했다. 더구나 반찬을 먹다 흘렸는지 김치 국물까지 말라붙어 있지 않은가.

하긴 며칠 전부터 학교에 입고 가야 할 자켓이 옷걸이에 걸려 있기에 이상하다고 무심히 넘겼지, 설마 엄마가 아끼는 옷을 허락도 없이 몰래 입고 가리라고는 생각지도 못했다.

되짚어보니 요 며칠 아침마다 도서관 자리를 맡아 달라고 해서 잠시 집을 비웠는데 그 새에 내 옷을 걸치고 학교에 갔었나 보다. 계획적이었다는 생각에 화가 더 났다. 그러나 잠시 마음을 가다듬었다. 지금은 중간고사 시험 기간 중. 혹시라도 잘못했다간 시험 못 본 불똥이 나한테 튈라. 아니다. 이번 기회에 단단히 잡아놓아야지 그렇지 않으면 제 멋대로인 나쁜 버릇을 점점 고치기 어려울 것이다.

아마 내가 지금 도서관으로 가면 그깟 스웨터가 딸 시험보다 중요해서 그러냐고 거꾸로 내게 대들 것이다. 그리고 성적이 잘 나오지 않으면 내 핑계를 댈 텐데. 정리되지 않은 생각들이 오락가락했다.

체신을 잃더라도 극적인 순간을 잘 잡아야 한다. 도서관으로 가 아이를 불러냈다. 화가 나 있는 엄마를 보고 사과는 커녕 드라이를 해서 입으면 될 걸 그깟 일로 수선이냐며 대수롭지 않게 흘려 넘긴다. 비싼 옷이라고 하자 주부가 좋은 옷 입는 게 무슨 자랑인 줄 아시냐며 자기는 바빠서 빨리 들어가 보아야 한단다. 괘씸한 마음에 당분간 용돈 받을 생각은 꿈도 꾸지 말라며 엄포를 놓고 집으로 돌아왔다.

씩씩거리며 앉아있는데 남편이 퇴근해 와서는 그깟 옷 때문에 딸하고 싸움이나 한다며 아주 보기 좋다고 비아냥거린다. 정말 그 스웨터가 입고 싶어서 그랬다면 좀 곱게 입을 일이지. 그랬다면 이렇게 화가 많이 나지는 않았을 것이다. 더구나 집에 돌아왔을 때의 모습을 보니 내가 아끼는 신발 뒤축을 푹 꺾어 신고 있는 게 아닌가.

이런 저런 일로 며칠 째 심사가 뒤틀려 같이 가자는 남편의 말을 못 들은 척 이렇게 혼자 산에 오른 것이다. 그런데 이제 막

솟아나는 연둣빛 작은 새순들을 보니 그 여릿여릿한 모습들이 꼭 딸아이를 닮았다. 아니 딸애가 그 새싹들을 닮은 것 같다.

그래, 이제야 알겠다. 엄마 몰래 스웨터와 신발을 훔쳐 신은 열아홉 딸아이의 봄이, 중년에 맞은 엄마의 봄보다 훨씬 더 화려하고 찬란하다는 걸. 그리고 조금 부끄러웠다. 엄마 옷이라도 걸쳐 입고 그 힘든 고3 수험생의 봄을 대신하고 싶었던 딸아이의 마음을 미처 헤아리지 못해서.

언젠가 읽었던 시 한 구절을 떠올려 본다.

〈봄의 노래〉로 알려져 있는 로버트 부라우닝의 극시《피파가 지나간다》의 첫 부분은 이렇게 시작된다.

계절은 봄이고
하루 중 아침
아침 일곱 시
진주 같은 이슬 언덕 따라 맺히고
종달새는 창공을 난다
달팽이는 가시나무 위에
하느님은 하늘에
이 세상 모든 것이 평화롭다

실크 공장에서 일하는 피파는 1년 중 단 하루 있는 휴가 날

아침 이 노래를 부르며 자기가 가장 동경했던 네 사람의 창 밑을 지난다. 그런데 사실 그 네 사람은 나름대로의 고통 속을 헤매고 있는 사람들이다. 불륜과 살인을 저지른 사람, 이혼을 하려는 자, 속세의 삶에 항복하려는 성직자 등. 이들은 피파의 노래를 듣고 각기 자신을 재무장하는 것이다. 피파는 날이 저물자 다른 이의 영혼을 구한 것도 모르고 단 하루뿐인 휴가를 헛되이 보낸 것을 슬퍼한다.

이 봄은 아는지 모르겠다. 오늘 들려 준 봄의 노래로 마음자리가 아주 작은 엄마의 도량이 한결 넓어져, 그 엄마도 봄의 노래를 딸아이에게 들려 줄 수 있다는 걸. 그래서 힘겨워하는 딸애가 그 노래를 듣고 조금이라도 위안 받기 원한다는 걸.

감어인(鑑於人)

간밤을 꼬박 새우고 호숫가에 나와 앉았다. 집에서 걸어 이 삼십 분 거리. 과천 대공원 앞 호숫가다. 이른 시간, 그래서 그런지 사람도 별로 없다. 천자(天者)의 자리를 넘겨주겠다는 요(堯)임금의 말에 영수라는 강가에 나아가 귀를 씻었다는 허유(許由)처럼 이 호수에다 귀를 씻어버리면 마음이 좀 누그러지려나. 지방에 사는 문우로부터 귀 거친 소리를 들은 때문이다.

잔잔한 수면을 빤히 들여다보고 있자니, '무감어수 감어인(無鑑於水 鑑於人)' 이란 말이 생각난다. 물에다 자신을 비추지 말고 사람에게 자신을 비추라. 사람들과의 어깨동무 속에서 자신을 돌아보며, 버릴 것은 버리고 취할 것은 취하며 살아가기를 요구한 선인들의 지혜가 담긴 말이다.

오늘 같은 날이면 타인과의 관계를 지극히 최소화하며 사는 삶이 현명한 것 같은 생각도 든다. 하지만 어찌 우리네 인생살이가 단지 갈등을 회피한다고 해서 모든 문제가 다 해결되는 그런 단순, 명료한 것이던가. 관계 설정에 일절 관여 않는다고 얼크러 설크러진 우리 삶이 술술 풀리던가.

해인사 입구의 석벽에는 최치원의 '제가야산독서당(題加倻山讀書堂)' 이란 시가 새겨져 있다. 이 시를 쓰고 우화등선(羽化登仙) 했다 하여 등선시(登仙詩)라고도 하고, 제시석(題詩石)이라 부르기도 한다.

> 첩첩 바위 사이를 미친 듯 달려 겹겹 봉우리 울리니
> 지척에서 하는 말소리도 분간키 어려워라
> 늘 시비하는 소리 귀에 들릴세라
> 짐짓 흐르는 물로 온 산을 둘러버렸다네

이 시는 현실에 실패한 지식인의 이상이 실제와 만나지 못함을 안타까워함이라, 나 같은 속인이 어찌 감히 그 번뇌의 깊이를 다 헤아리겠냐마는 사람들 사이에서 부대껴 마음을 다칠 때마다 한 번씩 되뇌어 보곤 하는 글귀다. 우리들이 맺는 인간관계의 넓이가 곧 우리들이 누릴 수 있는 자유와 낭만의 크기라는 말이 있다. 우리는 나날 타인과의 관계 속에서 살아간다.

그러니 어떤 만남이든 중요하다. 만남 가운데서 많은 것을 얻

고 깨우치니까. 다만 어지러운 시비에 말려들지 말고 유연하게 대처하면 될 일이다. 곧 오른 마음에 최치원의 시구까지 읊어보지만, 아니다. 애끓는 건 어쩌면 새퉁이 같은 그의 모습 속에 또 다른 내가 보여서인지도 모르겠다.

예전 사택에 살 때 이웃집 부인한테서 종종 내 모습을 보곤 했다. 내가 밤늦게 잠이 드는 사람이고, 그래서 아침 시간을 방해받으면 하루가 얼마만큼 어려워진다는 것을 그녀는 뻔히 알고 있었다. 그런데도 배려를 해주지 않고 아침 일찍 전화를 하곤 했다. 특히 그녀의 부아가 시댁과 관련된 일이면 그 사설이 쉽게 끝나지 않는다.

나에게 누가 속내를 털어놓으면 난 그가 약간 잘못 되었다는 생각이 들어도 적당히 맞장구를 쳐주는 편이다. 누구든 내게서 큰 해답을 얻으려 하기보다는, 그렇게 해서라도 마음을 풀겠다는 것을 잘 알기 때문이다. 하지만 그녀에게 만큼은 그렇게 되지가 않는다.

내가 항상 자기편이 아니라며 다시는 속말을 안 털어놓을 것처럼 전화를 끊는다. 정말 그래주었으면 좋으련만. 그런데 이상한 일은, 그런 날이면 하루 종일 나의 행동이 조신해진다는 것이다. 특히 시집과 남편에 대해서 말 한마디라도 더욱 조심을 하게 되는 것이다. 누군가 나를 저렇게 엉터리로 기억하면 어떡하나. 그래서 공자도 삼인행 필유사언(三人行 必有師焉)이라

했나 보다.

요즘 참 재미있는 경험을 하고 있다. 아이들에게 잠시 엄마역을 맡겨보는 것이다. 그러면 그들에게서 한 치의 차도 없는 내 모습을 볼 수 있다. 내가 즐겨 쓰는 말, 내가 만들어내는 분위기 등 그대로 나를 닮아 있다.

섬뜩한 생각이 들어 한 마디의 말도 조심하게 된다.

벚꽃 가지 꺾는다고

여름 수필 세미나에서 돌아오는 길에 논개 사당을 둘러보았다. 동인 몇이 정자에 올랐다. 때마침 대금산조가 은은히 울려 퍼진다. 우리 모두는 논개가 된 듯 절로 춤사위에 빠져들었다. 누군가 갑자기 옆에 있는 이를 끌어안더니 진주 남강 푸른 물에 몸을 던지는 시늉을 한다. 그야말로 한 편의 퍼포먼스다.

내려오는 길에 선배에게 놀라운 이야기를 들었다. 일본 적장 게야무라 후미스케를 끌어안고 강물에 몸을 던진 논개의 비석이 일본에 있다는 것이다. 왜장의 후손이 세웠다고 한다. 일본에도 양심 있는 사람들이 더러 있기는 한가 보다고 하자 선배의 표정이 묘하게 변한다. 조선의 여인이 자기네 조상을 좋아해서 따라 죽었기 때문에 그녀를 기린다는 것이다.

사람들이 지닌 편견 중의 하나가 바로 나라는 자신은 영원한

안쪽이고, 타자는 바깥쪽이라는 생각인 것 같다. 재미있는 예로 백제 고이왕 때 일본에 천자문을 전해준 왕인 박사의 행위가, 우리 쪽에서는 전수이지만 일본에서는 조공이라는 개념으로 해석되고 있는 것과 같은 게 아닐까.

자기중심적 사고에서 멀리 벗어날 수 없는 게 우리들의 엄연한 존재 방식이기 때문이리라. 그래서 편견과 자기 합리화는 항상 우리 곁에 머물 수밖에 없나보다.

우리는 이제껏 주 논개가 기생이었다고 알고 있다. 그런데 이곳에 오니 기생이 아닌 현감 최경회의 부인이며, 기생으로 신분을 위장해 왜의 침략에 울분을 참지 못하여 술에 취한 적장과 함께 떨어져 죽었노라고 안내판에 씌어있다. 집에 돌아와 찾아본 자료로도 논개는 분명 기생이다.

아니 우리는 그렇게 배웠다. 그녀의 고향 마을이기 때문에 어떠한 사실을 미화시키려 함도 이해는 가지만 왠지 기분이 명쾌하지 않았다. 논개가 기생이든 아니든, 적장을 끌어안고 떨어져 죽었든 그를 사랑해서 따라 죽었든, 그것이 중요한 게 아니다. 아니, 나는 논개가 적장을 끌어안고 떨어져 죽었다고 믿는다. 다만 어느 것이 진실인지, 그것이 오늘 나를 붙들고 늘어지는 것의 정체다.

인간이 서술한 역사는 얼마나 진실에 가까울 수 있을까? 일본의 역사 교과서 왜곡을 수정하라는 우리의 요구에 일본은 역사를 서술할 때 어떤 내용을 기술 할지는 집필자가 판단할 문제라는 논리로 단호히 거절했다.

어떤 사실을 의도적으로 가볍게 다루는 것이나 또 필요 이상으로 크게 부풀리는 것이나, 사실과 달리 그릇되게 해석함이나 같은 맥락이라는 생각이 든다.

중학교 3학년인 아들의 책상에는 '必滅日本' 이라는 글귀가 걸려있다. 일본의 역사 교과서 왜곡에 흥분하여 교내 백일장에 응모하더니 '유럽에 필 무궁화' 라는 글로 상을 받았다. 특별히 글 솜씨가 좋아서라기보다는 요즘 특히 한. 일 관계에서 여러 가지 문제가 발생하고 있는 이때 마침 시기적절하게도 제 울분을 토할 장(場)이 마련되어서일 것이다.

하루 빨리 국력이 강해져서 유럽 곳곳에서도 우리의 국화인 무궁화가 만발하기를 소망한다는…… 또 대학에 입학을 하면 머리를 분홍색으로 물들여 무궁화 모양으로 만들고, 한복에 고무신 차림으로 다니겠단다. 하긴 녀석의 비밀번호는 1945이고, 콜라를 마셔도 8.15 외에는 마시지 않는다. 그리고 어서 자라 일본이 왜곡하고 있는 역사적 진실을 꼭 바로잡고 말겠단다.

아들애는 어느 날 외출 길에 벚꽃 나무 가로수를 보더니 가는 곳마다 벚꽃 나무 천지라며 가지를 뚝 잘라 버린다. 멀쩡한 꽃나무를 자른다고 야단을 치자 일본의 국화이기 때문에 얼마든지 잘라 버려도 된단다. 그 행위를 보고 있자니 역사 진실 은폐 행위들 모두가 성숙하지 못한 사춘기 소년의 치기인 것만 같아 몹시 마음이 씁쓸했다. 어찌 비뚤어진 역사가 벚꽃 나무 가지 하나 자른다고, 온 천지 무궁화만 심는다고 제대로 자리 잡힌단 말이던가.

여름내 '시오노 나나미'의《로마인 이야기》를 읽었다. 일본이 역사 교과서 왜곡을 일삼고 있는 이 때 내게 가슴 깊이 와 닿은 부분은 로마인들의 남의 것 인정하기, 바로 그것이었다. 자기보다 우월하다고 생각하는 부분은 상대방을 존중하면서 받아들이는 그들의 열린 마음, 로마인들의 그런 점이 한없이 부러웠다.

사실 논개가 기생이든 아니든, 적장을 죽였든 따라 죽었든 진실은 하나일 것이다. 이 하나 뿐인 진실에 좀 더 가까이 다가가기 위해서는 우리 인간들 모두가 성숙한 사회 인식과 올바른 역사의식을 가져야 할 것이다. 우리 자신을 성숙시키려는 노력, 그것만이 역사 왜곡을 바로 잡을 수 있는 지름길일 것이다. 벚꽃 가지 꺾는다고 될 일이 아니다.

제6부

지중해의 노래

39. 터키 이야기
40. 이집트 여행길
41. 그리스의 신전
42. 상해의 꽃
43. 행복한 섬 몰디브

터키 이야기

인천에서 열두 시간 하늘을 날아 터키의 아타튀르크 공항에 내렸다. 아타튀르크를 우리말로 번역하면 국부(國父)라는 뜻인데 '케말 아타튀르크', 그는 터키의 국부였다. 그가 터키인들의 가슴에 얼마나 크게 자리 잡았으면 그 나라 얼굴이요, 관문인 국제공항에 그의 이름을 따왔을까. 미국에도 케네디 국제공항이 있는데 우리나라엔 왜 대통령 이름의 공항이 없는 건지. 아무튼 15년 간 터키 초대 대통령을 지냈던 무스타파 케말은 위대한 인물임에 틀림이 없었다. 성이 없던 그에게 국민들은 '아타튀르크' 라는 성을 부여하지 않았는가.

터키라는 나라는 입국 신고서가 없이도 무사통과되는 나라라고 들어왔다. 어떤 큰 문제가 없다는 이야기다. 내게 터키인들은 무척 낙천적이고 태평한 사람들로 보였다. 그러나 2, 3일의 여행객으로 어찌 한 민족을 단적으로 평할 수 있겠는가. 그 옛날 부귀영화를 누리던 오스만 터키의 후손들이 지금은 너무도 평범한 삶을 살고 있음을 확인한 순간, 그 원인을 그들의 기질 탓으로 돌릴 수도 있겠다는 생각이 들었다.

그들의 조상이 남겨놓은 366개 돌기둥이 떠받치고 있는 지하 물 저장고라든가 베르사이유 궁전을 본 따 지었다는, 그런데 베르사이유를 훨씬 앞지른다는 돌마바체 궁전은 정말 놀라웠다. 옛날에 오스만 터키가 누리던 영화가 그대로 드러나 있었다. 그렇게 대단한 조상을 가진 후손들이 그 광영(光榮)을 유지하지 못하고 초라하게 사는 모습이 우울했다. 겨울인 계절 탓이었을까. 이슬람문명의 도시, 이스탄불은 말 그대로 블루였다. 보스포로스 해협을 중심으로 왼쪽은 유럽, 오른쪽은 아시아인 그야말로 퓨전의 혜택을 얼마든지 누릴 수 있는 그들이었다. 선조들에 비해 그들은 그렇게 유복하게 살지 못하고 있었다.

터키의 유물엔 현대의 모든 것이 그대로 살아있는 느낌이었다. 중국을 비롯해 강대국들이 특산물을 바치던 나라 터키는 고급 커튼이라든가, 드라마 속에서나 볼 수 있는 고급 자개장이라든가, 수백 개의 크리스탈 샨드리아, 크리스탈 계단 등 몇 백 년 전 이미 그들의 궁에서 그 화려한 것들을 다 사용하고 있었다. 인간이 누릴 수 있는 모든 것들을 다 누리며 살고 있었다.

로마의 역사를 천 년 동안이나 이어준 도시 이스탄불은 로마이면서 그리스의 도시다. 오스만 터키에게 동로마가 망하면서 기독교가 이슬람교에게 무릎을 꿇었다. 오스만 터키의 수중으로 들어가기 전까지 기독교도들의 성전이었던 '아야 소피아' 성당은 터키에서 내가 가장 가보고 싶은 곳이었다. 오스만 터키가 동로마를 멸망시킨 이후로는 이 지혜의 대성당을 터키의 회교도들이 오백 년 동안 회교 사원으로 사용했다. 이스탄불을 장악한 술탄 마흐메드는 대성당 옆에 회교 사원 식 첨탑(미나렛)을 세웠을 뿐 성당은 파괴하지 않았다. 기독교 교회의 벽화 위에 회칠을 했을 뿐이다.

소설가 이윤기는 오스만 터키의 회교가 지닌 관대한 문화적 유연성을 '장엄한 아량' 이라고 표현했다. 그런데 우리를 안내해 준 가이드는 그 유창한 말솜씨로 무슬림들이 아름다운 대성당을 다 파괴해 놓았다고 했다. 그가 성당의 이곳, 저곳을 가리키며 설명하는 것에서 뭔가 사실과 다른 점을 발견했다. 나는 그 날 기독교인, 더구나 전도사인 가이드에게서 자신이 믿는 것 이외는 거들떠보려고도 하지 않는, 인간 심성의 나약한 아집을 특정 종교인의 모습에서 보았다.

만약 이슬람 사원을 기독교도인들이 장악했다면 다른 결과가 일어났을 지도 모를 일이다. 스페인 정복자 프란시스코 피사르는 잉카 황제를 죽이고 피정복자들의 신전을 철저히 파괴해 버렸다. 그리고 그 위에 자기들의 교회를 세우고 수도원을 짓지 않았던가.

아무튼 얼마나 많은 열강들이 터키를 탐냈으면 매일 전쟁에 시달리던 병사가 정신을 잃었다 눈을 떠보니, 하늘에는 별과 달이 떠있고 바다는 온통 피로 물들어 있었다고 한다. 그래서 터키의 국기가 빨간 바탕에 별과 달의 모습을 하고 있다는 가이드의 설명은 터키를 다시 한 번 돌아보게 했다.

동서양이 서로 만나고, 기독교와 회교가 만나는 땅. 서로 모순되는 온갖 것들을 융화시키는 문화의 거대한 용광로. 그래서 이윤기는 그 모든 것을 장엄한 아량이라고 표현했나보다. 그 불씨를 지켜내지 못한 후손들. 우리는 그렇게 장엄한 아량을 베풀어 볼 기회조차 변변히 가질 수 없었기에 그들이 더 안타깝게 생각되는지도 모르겠다.

가이드는 우리를 보스포로스 해협으로 데려갔다. 우리의 전쟁에 형제지국으로 참전해 주었던 나라, 터키. 6.25 전쟁 때 터키 군인들이 와서 불러 유행시켰다는 '위스키 달라' 를 가이드는 느리게, 빠르게, 멋들어지게 불러댔다. 만감이 교차하는 가운데 보스포로스 해협에 서서 그 노래를 들었다.

이집트 여행 길

이스탄불에서 밤 비행기로 이집트, 카이로에 도착했다.

피라미드 앞에선 인간의 한계는 도대체 어디까지 일까하는 원초적 물음에 답 할 수 없었고, 스핑크스는 피라미드의 짜임새에 눌려 그 빛을 제대로 발하지 못하는 듯 했으나, 피라미드에서 장엄미를 보았다면 스핑크스에서는 이집트 문명의 총체미 같은 것을 느낄 수 있었다.

다음 날 도착한 소박한 도시 룩소에서는 왕가의 계곡, 룩소 신전, 카르낙 신전, 멤논의 거상 등 온 천지 발 닿는 곳이 모두 유적이라 놀라움보다는 오히려 담담해졌다.

룩소는 온 도시가 유물이 묻혀있는 곳이라 지금도 계속 발굴 작업이 진행되고 있었다. 고고학 박사인 듯한 백인 여자가 텐트 속에서 무언가를 계속 조사해가며 이집트 인부들을 관리하는 듯한데, 느긋한 표정의 이집트인들은 우리나라 삼태기 비슷한 것에다 땅 속에서 찾아 낸 도자기 조각들을 담고 있었다. 그러다가 그 중에서 조금 크다 싶은 것이 나오면 은근한 목소리로 관광객들에게 원 달러를 속삭이는 것이다.

그들의 몸짓은 언젠가 경기도 양주군 천보산 자락에 있는 회암사지 터 발굴 현장에 견학 갔을 때, 철저한 관리 속에서 발굴 작업을 하던 우리 탐사 팀들의 진지하던 모습과는 판이했다. 그 조사 팀들의 무언가 막중한 사명감을 띤 듯한, 결연한 의지에 찬 표정들이 떠올라 우리의 문화 의식이 한결 윗길이라는 느낌이 들어 가슴 뿌듯했다. 그러면서 어쩌면 그런 힘이 우리민족을 부서지지도 망가지지도 않은 채 살아남을 수 있게 만든 것은 아닐까 하는 생각이 들어 비장한 감회에 젖기도 했다.

아무튼 여길 가나 저길 가나 이집트에서 가장 많이 들은 말이 '원 달러' 다. 이집트 고고학 박물관에 그렇게 많이 보존되어 있는 그 훌륭한 유물들은 다 어떻게 하고 그들은 그렇게 쉴 새 없이 원 달러만 외치는지 참으로 서글픈 이집트 여행길이었다.

오늘날 서양 문화의 두 주춧돌이라고 할 수 있는 헬레니즘과 헤브라이즘, 이 두 문화의 꼭지점에는 이집트 문화가 있다고 하지 않는가. 신통기(神統記)라고 불리는 그리스 신들의 족보는 이집트 신통기에 그 근거를 두며, 출애굽기가 다루고 있는 모세의 생애는 헤브라이즘이 이집트 문화에 가까이 닿아 있음을 기정사실화한다고 한다. 정신문명의 머릿돌은 오로지 박물관 안에서만 살아있는 듯 했다.

비행기에서 내려다 본 이집트는 보이는 곳 모두가 거친 땅, 사막이다. 본인의 의지와 상관없이 태어나는 삶. 어느 곳에 태를 묻느냐가 이렇게 다른 생을 살게 하는구나라는 생각을 이집트에 와서 하게 되었는데, 유타의 척박한 고원 지대나 록키 산맥 정상부보다도 조건이 훨씬 열악한 자연에 터를 잡고 사는 동물들이 있다고 한다. 아무리 거친 땅이라도 살다보면 그 삶터 또한 고향이 되고, 잠깐 떠나 살아도 그곳이 마침내 돌아가야 할 어머니 품안이 된다는 것을 그 동물들은 잘 알기 때문이라는 것이다.

이집트인, 그들 또한 그러하리라. 하루 종일 관광객들을 상대로 원 달러를 외쳐야 하는 메마른 땅, 이집트. 그들의 삶이 내 눈엔 저리 고단해 보여도 그들이 생을 영위하고 있는 곳, 저 이집트는 분명 그들이 마침내 돌아가야 할 어머니 대지의 품이다. 그걸 알기에 그들은 원망보다는 순응이라는 말에 잘 적응하며 사는지도 모른다는 어쭙잖은 생각을 해 보았다.

공항이 생긴 이래 거의 한 번도 제시간에 비행기가 뜬 적이 없다는 룩소 공항에서, 연착에 대한 보상으로 음료수 교환권을 나누어주는 이집트인들의 애교 섞인 몸짓은 또 어떤 의미로 받아들여야 할지.

좀 모질고 독하다는 소리를 듣더라도 이제 그만 원 달러 소리는 안 하면서 살 수 있는 민족이 되기를 마음속으로 빌어본다. 원 달러를 외치기엔 그들이 갖고 있는 문화유산이 눈물 나도록 장대하지 않은가.

그리스의 신전

아테네에 도착한 느낌은 이스탄불이나 카이로와는 사뭇 다르다. 전형적인 유럽의 분위기다. 우선 도시 자체가 깨끗하고 안정된 느낌을 준다. 오밀조밀 집들도 작고, 그래서 그런지 도시 자체가 아담해 보인다.

신을 통하여 구원을 받을 것이 아니라 우리가 신을 구원해야 한다고 한 니코스 카잔차키스의 무덤이 있는 크레타섬을 보고 싶었는데 일정에는 없는 것 같아 조금 아쉬움이 남았다.

유네스코 지정 세계 문화 유산 1호인 파르테논 신전은 거대한 광장에 어마어마한 건축물일거라고 상상했었는데, 그냥 자그마한 언덕 위에 그것도 보수 중이라 철골이 드러난 신전은 실망스러웠다.

신전의 장중함이 그리스 정신의 집대성이며, 도리아식 신전의 극치라는 찬사를 듣지만 우리 같은 일반 관람객들은 느낄 수도 없는 이야기였다. 어릴 적 교과서에서 보던 파르테논 신전과 이집트의 스핑크스는 얼마나 꿈에 그리던 곳이었던가. 아마도 지나친 기대와, 또 내가 사적(史蹟)을 보는 안목이 미숙하기 때문이리라.

소크라테스 감옥이라는 곳도 그냥 개 한 마리 가두어 둘 만한 크기에 철망을 얼기설기 쳐놓았을 뿐, 감옥이라고 하기엔 너무나 엉성했다. 하긴 소크라테스가 갇혀 있다 집에 손님이 오면 다녀오고, 또 집에 가서 식사도 하고 왔다니 감옥의 의미보다는, 소크라테스 시대의 또 다른 모습이리라.

내가 그리스에서 가장 부러워했던 것은 고대 올림픽 근대 경기장이다. 1896년 부호들의 기부에 의해 대리석으로 만들어진 6만 9천 석의, 단아하면서도 우아한 경기장이다. 영원히 변하지 않을 것 같은 대리석 좌석은 은은한 상아 빛을 발하며, 날림 공사에 길이 든 우리들을 잔뜩 주눅 들게 만들었다. 커다란 대리석 판엔 역대 올림픽 개최지가 적혀 있는데 24회 서울이라고 적힌 곳을 볼 때는 콧날이 찡해지기도 했다.

그런데 올림픽 경기장에서 정말 인상에 남는 것은 건장한 청년과 노인의 대리석 조각상이다. 청년의 그것(?)은 형체도 흐리멍덩하게 축 늘어져 있는가 하면, 노인의 그것은 힘차게 살아 있다. 가이드의 설명에 의하면 아무리 젊어도 운동을 안 하면 청년처럼 될 것이요, 나이가 들어도 운동을 열심히 하면 저렇게 노인처럼 훌륭할 수 있다는 말이라니 운동 경기장에 꼭 알맞은 상징물이 아닌가.

동행중에 독신인 L선생은 사진 찍기를 그렇게 마다하더니 유독 그 조각상 앞에서는 사진을 찍어 달란다. 다들 뭐라고 하며 놀렸을지는 상상에 맡긴다. 그런데 서울에 돌아와 사진을 뽑아 보니 L선생 얼굴은 사진에서도 확실히 알아볼 수 있는 진홍빛 부끄러움이 역력하다. 사진을 주면서 무슨 말을 했을지 또한 상상에 맡긴다.

에게해 크루즈. 코발트빛 바다가 아름다운 포로스섬에 도착했다. 에기나, 히드로섬은 파도가 심해 중도에서 뱃길을 돌렸다. 결혼하기 전 사귀던 사람과 '그릭 다이쿤' 이란 영화를 본 적이 있다. 그리스 선박 왕 오나시스와 케네디 미망인 제클린의 사랑을 다룬 영화였다. 주인공으로 나온 안소니 퀸과 제크릿 비셋이 지중해 노을 속에서 춤추는 장면에 완전히 매료되었다. 쏟아지는 황금빛 노을 속에서 두 남녀가 우아하게 춤추던 장면은 지중해를 환상의 바다로 만들어 주었다.

더구나 그 둘은 서로 꼭 붙어 춤을 춘 것이 아니라 적당히 떨어져 엇비슷한 각도에서 손을 맞잡고 춤을 추었다. 그 영화가 비디오 테잎으로 나와 있는지 알 수 없지만 다시 보고 싶은 생각은 없다. 행여나 그 아름다웠던 지중해의 석양이 내 기억 속에서 윤

색된 것이면 어쩌나 하는 염려 때문이다. 그 만큼 지중해의 노을은 영원히 내 가슴에 남겨놓고 싶은 아름다운 장면이다.

해가 질 무렵이 더 장관이기에 지중해는 연인들을 위한 멜로의 성지라고도 한다. 누군가는 오나시스와 레니에 공이 이 바다의 유혹적인 운치 덕분에 당대의 콧대 높은 여인들을 끌어안을 수 있었을 것이라고도 했다. 아무튼 그 영화를 보며 동행이 있다는 사실을 까맣게 잊고 혼자서 극장을 빠져나와 같이 갔던 사람을 당황하게 한 적이 있다. 크루즈호 안에서 그리스 민속춤의 발동작을 유심히 보라는 가이드의 말에 갑자기 그 영화가 떠올랐고, 아마도 희랍인 조르바가 생각나서 안소니 퀸이 떠올랐나 보다.

그리스 사람들의 사고는 참 현실적이다. 지금 이 순간 즐거우면 됐지 내일 행복하자고 오늘을 저당 잡히지 않는다. 담배 피우고 60까지 살래, 담배 끊고 80까지 살래 하면 백이면 백 담배 피우다 60까지만 살다 죽겠다고 한단다.

그래서인지 관공서나 상가는 오후 2, 3시면 일을 다음날로 미루거나 대부분 문을 닫는다. 그리고는 일찍 귀가해 사랑하는 가족과 외식하러 나가는 게 그들의 행복이라는 것이다. 물론 모든 선택권은 아내에게 있단다. 여성들의 천국인 나라다. 그러나 서울에서 온 가이드는 그래도 가정의 경제권을 모두 쥐고 주무르는 한국의 주부만은 못할 것이라며 자기는 하나도 부럽지 않단다.

어쨌든 그리스를 한 마디로 줄이라면 자존심이란 말밖에 할 말이 없다. 아테네엔 백화점이 없다. 꼭 사고 싶은 물건이 있으면 상가 밖에서 자세히 살펴본 후 들어가 가격이 맞으면 사면된다고 한다. 깎자고 하지도 깎아주지도 않는다. 물론 모두가 다 그런 것은 아니지만 있는 자나 없는 자나 충동구매를 즐기고, 흥청망청 소비하는 우리들과는 사뭇 다른 그네들의 살아가는 모습이다. 그렇게 넉넉해 보이지도 않는데 상가들이 오후 2, 3시가 되면 문을 닫는 것, 해석하기 나름이지만 아등바등 살지 않는다는 여유 만만한 그들의 속내를 본 것 같아 괜히 심기가 불편했다.

시내 도처에 널려 있는 대리석 조각상들은 애, 어른 할 것 없이 하나 같이 남자들의 나신(裸身)이다. 그런데 그것이 외설스럽다기 보다는 어떤 예술의 경지까지가 느껴진다. 그러면서 그리스 사람들이라면 우리의 '정동진' 을 어떻게 가꾸어 놓았을까하는 엉뚱한 생각을 해보았다.

정동진 입구에 즐비하게 늘어서 있는 조잡한 기념품 가게들과 무질서가 생각났기 때문이다. 조상들이 격조 높게 가꾸어 놓은 문화유산을 구석구석 유원지화 해놓은 우리의 모습이 떠오르자 내 자존심은 여지없이 구겨지고 말았다. 또한 아름다움이란 우리 스스로 만들고 가꾸고 보호해야 하는 것임을 절감하기도 했다. 우리들은 왜 그렇게 우리의 것을 가꿀 줄을 모르는가.

필로파포스 언덕의 오솔길을 걷다보니 청아한 들꽃하며 공기가 어찌나 맑은지, 그리스에서 왜 철학이 발달했는지 절로 답이 나오고도 남을 것 같았다. 신화의 자궁이라는 지중해, 태양 빛에 올리브는 절로 익어가고 공기 또한 그리도 청정하니 그런 환경에 묻혀 사는 그들이 자연 '지혜를 사랑하는 사람' 들이 될 수밖에 없다는 생각이 들었다.

그리스를 돌아보면서 내 나라를 생각하니 자존심이 상했다. 우리보다 지고지순한 삶을 살고 있는 그들이 너무도 지혜롭고 여유로워 보였기에.

상해의 꽃

여기는 상해 홍구 공원입니다. 며칠 전 중국에 도착한 날부터 비가 내리더니 귀국하는 오늘까지도 이렇게 추적추적 내리는군요. 사실은 이곳에 중국의 대문호 노신의 묘가 있어 그의 발자취라도 더듬어 볼까 하여 왔습니다만, 저는 윤봉길 의사, 당신에게 마음을 빼앗겨 이렇게 매정(梅停) (선생의 호가 매헌으로 이를 기리기 위하여 세워놓은 정자)을 떠나지 못하고 있습니다.

1932년 4월 29일 오전 이곳에선 일황의 생일인 천장절과, 전승 축하 기념식이 열리고 있었습니다. 당시 제국주의 전쟁에 광분한 일본이 자신의 위세를 높이고자 마련한 자리였습니다. 선생은 단상으로 접근해 준비해 온 폭탄을 던졌습니다. 일본 거류민 단장 가와바타를 비롯해 여러 명이 죽었거나 중상을 입었습니다.

선생은 순국 직전 일본인들에게 아직은 우리 힘이 미약하여 외세의 지배를 면치 못하고 있지만, 세계 대세에 의하여 나라의 독립은 머지않아 꼭 실현되리라 믿어 마지않으며 대한 남아로서 할 일을 하고 미련 없이 떠나간다라는 말을 남기고 스물다섯 꽃 같은 나이에 이 세상을 떠나셨습니다.

당시 선생에게는 걸음마도 떼지 못한 두 아들이 있었습니다. 고향의 부모님과 두 아들이 선생의 발목을 붙들지는 않던가요? 거사 전 두 아들에게 남긴 유서 '강보에 싸인 두 병정에게' 를 보니 다시 한 번 눈시울이 뜨거워집니다. 되뇌고 되뇌다 그대로 옮겨 봅니다.

> 너희가 만일 피가 있고 뼈가 있다면 반드시 조선을 위해 용감한 투사가 되어라. 태극에 깃발을 높이 드날리고 나의 빈 무덤 앞에 찾아와 한 잔의 술을 부어 놓으라. 그리고 너희들은 아비 없음을 슬퍼하지 말아라. 사랑하는 어머니가 있으니 어머니의 교양으로 성공자를 동서양 역사상 보건대 동양으로 문학가 맹가가 있고 서양으로 불란서 혁명가 나폴레옹이 있고 미국에 발명가 에디슨이 있다. 바라건대 너희 어머니는 그의 어머니가 되고 너희들은 그 사람이 되어라.

저도 자식을 둔 어미인지라 '너희 어머니는 그의 어머니가 되라.' 는 구절이 많은 생각을 하게 합니다. 그리고 아이들 얼굴이 떠오르는군요. 당신은 스물다섯 나이에 온 겨레가 평생 가슴에 새겨야 할 큰일을 하셨는데, 대학생이 되어서도 이런 저런 투정을 늘어놓는 아이들 생각을 하니 가슴이 답답합니다. 일행 중 초등학생이 있어 그 표정을 살펴보니 별 관심을 갖지 않는 것 같아 안타깝습니다.

> 고향에 계신 부모 형제 동포여! 더 살고 싶은 것이 인정입니다. 그러나 죽음을 택해야 할 오직 한 번의 가장 좋은 기회를 포착했습니다. 백 년을 살기보다 조국의 영광을 지키는 이 기회를 택했습니다. 안녕히 안녕히들 계십시오.

백 년을 살기보다 조국의 영광을 지키는 기회를 택했다는 선생의 말씀에 우리들은 어떤 답장을 보내야 하나요.

중국을 여행 할 때마다 느끼는 바지만 우리는 미래를 대비하기보다 현재 상황만 보고 우쭐해하는 것이 아닌가 하는 두려움을 느낍니다. 미래를 제대로 보지 못했을 때 어떤 처지에 놓이게 되는가를 우리의 아픈 역사를 통해 꼭 배워야 할 것입니다. 만일 우리가 아직도 독립을 하지 못했다면 선생의 고결한 정신이 지금까지 이렇게 살아남아 빛날 수 있을까요. 나라의 힘이 약하면 아무리 억울하더라도 그 원통함을 풀기 어려운 것이 사실입니다. 조국의 온 국민이 힘을 합쳐 누구도 감히 무시할 수 없는 나라로 만드는 것만이 나라와 겨레에 바치는 선생의 뜨거운 사랑에 보답할 수 있는 유일한 길일 것입니다.

매정 벽에 새겨진 선생의 글 '한층 더 강인한 사랑'을 여러 번 읽어 보았습니다.

> 사람은 왜 사느냐. 이 세상을 이루기 위해서 산다. 보라! 풀은 꽃을 피우고 나무는 열매를 맺는다. 나도 이상의 꽃을 피우고 열매 맺기를 다짐하였다. 우리 청년 시대에는 부모의 사랑보다 형제의 사랑보다 처자의 사랑보다도 더 한층 강의(剛毅)한 사랑이 있는 것을 깨달았다. 나라와 겨레에 바치는 뜨거운 사랑이다. 나의 우로(雨露)와 나의 강산과 나의 부모를 버리고라도 그 강의한 사랑을 따르기로 결심하여 이 길을 택하였다.

조선족 가이드 아가씨가 경건한 목소리로 읽어주는데 어찌 그리도 깊이 가슴에 와 닿는지요.

거사 당일 선생의 태연자약함이 마치 농부가 일터에 나가려고 넉넉히 많은 밥을 먹는 모양과 같았다고 김구 선생님은 말씀하셨습니다. 25세의 짧은 생애를 민족의 제단 위에 바친 당신. 한국인의 민족정신을 세계에 알리는 계기가 되고, 당시 침체의 늪에 빠진 독립운동에 새로운 활기를 불어넣었습니다. 그래서 장저스도 '백 만 군대도 하지 못한 일을 한 사람의 조선인이 해냈다.' 고 했습니다. 국난을 잊고 사는 오늘 날의 우리가 죽을 때까지 아니 죽은 후에라도 당신을 가슴에 새겨야 할 것입니다.

한 사람이 세상을 떠나면 그의 기억도 사라지기 때문에 개인의 기억에는 한계가 있다고 합니다. 그러나 집단의 기억력은 여러 세대를 이어서 내려오므로 노력에 따라 영원히 이어질 수도 소멸할 수도 있다고 합니다. 우리가 언제까지라도 애국선열을 기억해야 하는 까닭입니다. 그렇지 않다면 아무도 국가를 위해 자신을 희생하려 하지 않을 것입니다.

젊은 세대의 의식 속에서 열사(烈士)라는 개념 자체가 점점 사라지고 있는 것 같아 안타깝습니다. 그래서 당신께 이 편지를 쓰고 있는지도 모릅니다. 우리의 일상 속에서 애국지사들을 되새길 수 있는 계기들이 많아져야 할 것입니다. 역사의 교훈을 망각한다면 수난의 역사는 되풀이 될 것입니다. 이것이 우리와 우리의 후손들이 당신을 기려야 하는 아주 큰 이유입니다.

오늘처럼 제가 글을 쓰는 사람이라는 사실이 뿌듯한 적도 없었습니다. 누군가 한 사람이라도 이 글을 읽고 선생의 거룩한 뜻을 새겨 우리의 미래를 다시 한 번 생각한다면 더 이상 바랄 게 뭐가 있겠습니까. 부디 편히 쉬십시오.

행복한 섬 몰디브

찬란하게 빛나는 섬, 스리랑카에 다녀왔다. 북쪽으로 가면서 점점 좁아지는 이 섬의 형상 때문에 사람들은 마치 인도 대륙이 눈물 한 방울을 떨어뜨린 것 같다고 한다. 그래서 스리랑카는 '인도가 흘린 눈물 한 방울.' 이란 색다른 이름 하나를 더 갖고 있다.

눈물 때문인가. 그들이 지니고 있는 문화유산에 비해 사는 모습은 그렇게 넉넉해 보이지 않았다. 부처 상을 등지고는 사진 촬영을 금한다거나, 불상 앞에서 짧은 옷을 입지 못하게 하는 등 부처에 대한 그들의 애정만큼은 각별했다. 심지어 사원을 구경하려는 관광객들은 태양 빛에 달아 뜨거워진 돌바닥을 그냥 맨발로 걸어야만 한다. 감히 부처님이 계신 곳에서 신을 신어서는 안 되기 때문이다.

그곳에서 사업을 하는 지인의 도움으로 시작된 여행길이었다. 그들의 부추김으로 스리랑카의 수도인 콜롬보에서 비행기로 한 시간 거리인 몰디브까지 다녀오기로 했다. 세계에서 최고의 신혼 여행지로 꼽힌다는 말답게 몰디브는 정말 아름다웠다. 인간이 숨 쉬고 사는 곳에 아직 이런 비경(秘境)이 남아있다는 사실에 우리 가족은 한동안 입을 다물지 못했다.

스킨스쿠버의 장비를 빌릴 필요도 없이 준비해 간 물안경만으로도 바로 곁에서 헤엄치는 관상용 물고기들과 하루 종일 유희(遊戲)를 즐길 수 있었다. 오죽하면 아이들이 관광객을 위해 인공부화 시킨 물고기들을 바다 속에 풀어놓은 것 같다고 했을까.

조금 깊은 곳에서는 뱀장어들이 모습을 나타냈고, 초록색, 자주색의 물고기가 있다는 것도 그곳에서 처음 알게 되었다. 마치 바다 속에 은가루를 풀어놓은 듯 은빛의 새끼 고기들이 수천 마리씩 떼 지어 몰려다녔고, 바다의 색깔 또한 흰색, 하늘색, 푸른 잉크 색, 검은색, 수심에 따라 어찌 그리 선명하게 빛을 달리 하는지.

코코넛 나무 사이에 쳐 놓은 해먹에 누워 세상 근심사 다 잊어버린 우리는 참으로 행복했다. 그런데 수도 없이 행복해를 외치던 나는 말레(몰디브의 수도)공항에서 진짜 행복의 실체를 만날 수 있었다.

유시화의 '하늘 호수로 떠난 여행' 에서 인도인들의 타고난

낙천적(?)인 사고방식을 보며 혼자 웃기도 하고, 재미있어 하기도 했다. 그런데 내가 직접 그런 사람을 만나게 되니 그 책에서처럼 황당한 일을 당하게 될까 봐 아닌 게 아니라 은근히 겁도 나고 걱정이 되었다.

애초에 항공권 예약을 할 때 말레는 포함되어 있지 않았으므로, 몰디브에서 짐을 부치면 콜롬보에서 찾을 필요 없이 곧장 서울로 가게 되는지, 콜롬보에서 짐을 점검 해보아야 하는지 걱정이 되었다. 짧은 영어 실력으로 손짓 발짓 해가며 현지 여행사 직원에게 물어보자, 길게 듣지도 않더니 '노 푸라불럼(no problem).' 한다. 무조건 문제없으니 걱정 말란다. 그러면서 별 도움이 필요 없는데도 따라와 가방을 들어주고 수속을 밟아주며 우리를 도와준다.

스리랑카에서 유적지를 돌아볼 때 알아듣지도 못할 영어 몇 마디를 해 놓고 팁을 요구하던 일들이 떠올라 은근히 부담이 되기 시작했다. 더구나 내 지갑 속에는 달랑 100불짜리 지폐 한 장만이 남아있을 뿐이었다. 바꾸어서 팁을 줄까 망설이다 솔직히 귀찮기도 하고, 시간도 넉넉하지 않아 너의 친절을 오래 기억할 것이며, 내가 잔돈이 없어 너에게 팁을 주지 못하는 것이 매우 미안하다며 악수를 청했다. 그러자 이 친구 하는 말이 '걱정하지 마라. 내가 행복하고, 그것 때문에 네가 행복하다면 그것으로 만사 오케이다.' 라는 것이다.

순간 나는 부끄러움과 행복을 동시에 느꼈다. 햇볕에 그을려 새카맣고, 비록 육신은 보잘 것 없이 작지만 마음만은 거인인 살아있는 금세기 최고의 철학자를 만나기 위해 운 좋게 이 먼 곳까지 날아왔나 보다.

나에게 행복이 무엇인지를 일깨워 준 몰디브의 성자여. 당신이 남을 돕는다는 행복감으로 나를 도와주고 있는 동안 나는 사소한 팁 문제로 고민하고 있었다. 이 얼마나 잔인한 배신적 행위란 말인가. 그래, 행복이란 그런 것이지. 내가 기쁘고 그로 인해 남까지 기쁠 수 있다면 그것이 진정 행복이겠지.

오늘도 새벽에 도착할 여행객들을 위해 공항에서 토끼잠을 자고 있을 그대를 생각하면서 순간순간 나는 행복해지려고 노력하고 있다. 행복은 순간적이고, 현재를 위한 것이며, 또한 갈망하는 것이라고 하지만 그런 것이 행복이라고 느끼는 데 얼마나 둔했는지 다시금 생각해 보는 것이다.

그대는 아는가. 그대가 내게 행복의 참 의미를 일러주었다는 것을.